Econo-Globalists 22

副島隆彦
Takahiko Soejima

米中激突 恐慌

The US–China Hegemonic Cold War

板挟みで絞《し》め殺される日本

祥伝社

米中激突　恐慌

ドイツ銀行の株価（直近1年間）

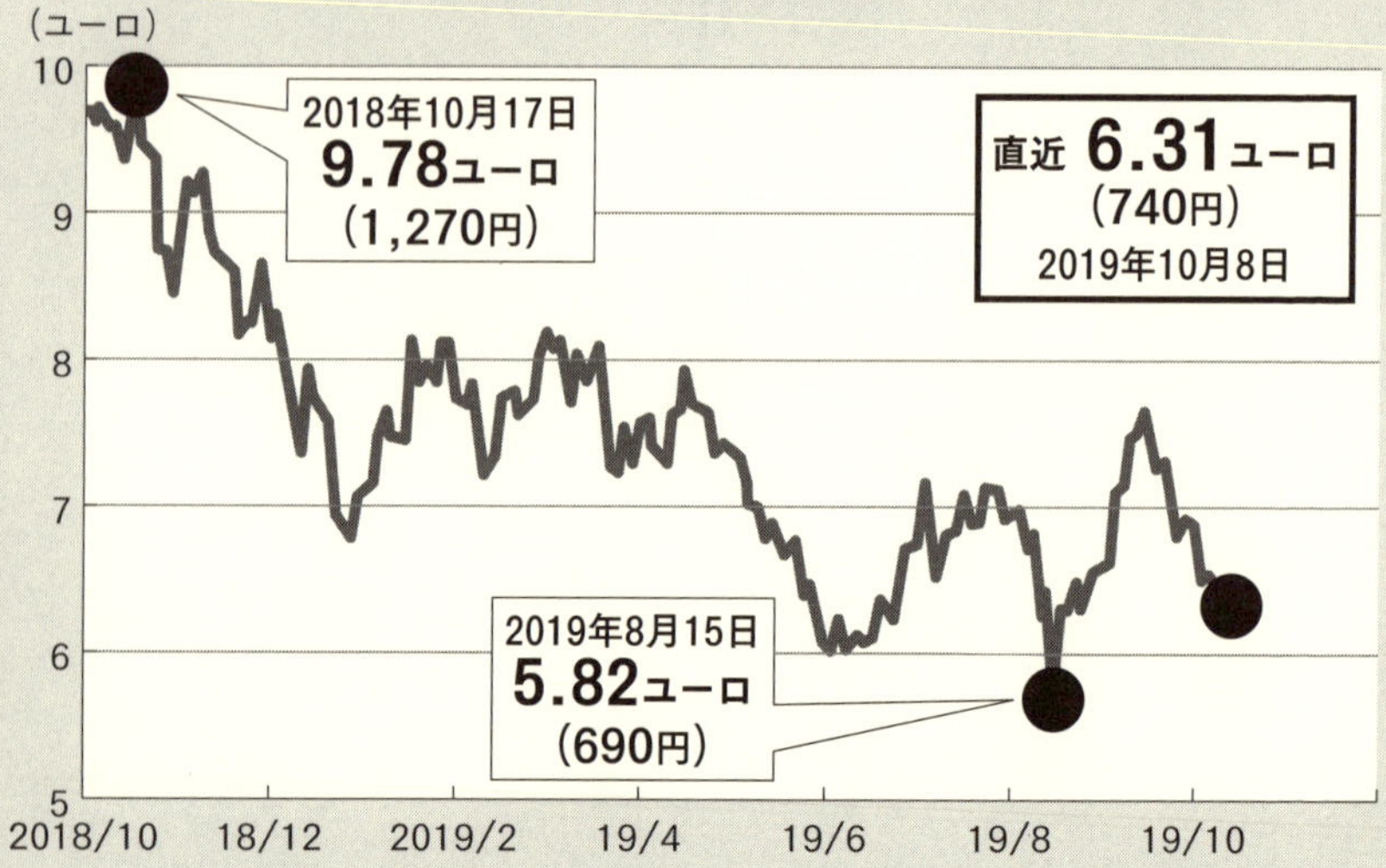

出所　ブルームバーグ

ドイツ銀行が破綻する。日本で言えば、三菱UFJ銀行が倒産（破産）するということだ。ドイツ銀行の経営危機は、3年前の2016年に表《おもて》に出た。188の店舗を閉鎖して、3,000人を人員整理した。さらに今年の7月には、「ドイツ証券などを含むグループ全体で18,000人を削減する」と発表。

経営危機の大きな原因は、急激に進む金融業のIT化だ。このことを私は『銀行消滅』（2017年、祥伝社刊）で書いた。ドイツ銀行の負債総額は2兆ユーロ（230兆円）。このドイツ銀行の破綻（bankruptcy バンクラプシー）は、第2の“リーマン・ショック”の始まりだ。

まえがき

この本を書き上げた直後（9月30日）、私はヨーロッパから情報をもらった。**名門ドイツ銀行（ヨーロッパ最大の民間銀行。ドイツの中央銀行《ブンデスバンク》ではない）が破《は》綻《たん》する。**ヨーロッパに金融危機《ファイナンシャル・クライシス》が起きる。日本円は、激しく円高になる。1ドル＝100円を割って80円、60円台になるだろう。

ヨーロッパ（EU）とアメリカ（トランプ政権）の貿易戦争《トレイド・ウォー》も始まった。制裁関税のかけ合いだ。欧米白人文明の内部分裂が起きている（10月2日）。

金《きん》が、この6月初めから急激に上がりだした。

1トロイオンス（31・1グラム）が1560ドル（9月4日）まで上がった。日本の国内の価格では、1グラムが5300円（9月5日。卸値《おろしね》）になった。「金《きん》を買うように」と、ずっと勧《すす》めてきた私の考えの勝利である。このあと、金《きん》はもっと上がってゆく。これまで金を買ったことのない人は、今のうちに金《きん》の地金《じがね》を買ったほうがいい。長い目で見て、金はもっともっと上がる。今の2倍になる。第2章で、これからの動きを詳しく予測する。

あと一度、下押《したお》し（下落）したら、そこでサッと拾い（買い）なさい。

株価は、NY《ニューヨーク》でも日本でも、最高値を更新しつつあるように見えた。だが、もうすぐ暴落が起きる。いくら上がっていると言っても、**ジェットコースターと同じで、急降下する。この動きを2カ月周期で繰り返す**。今の世界の金融市場は、きわめて不安定である。

このことを投資家、資産家、企業経営者は、肌身《はだみ》でよく分かっている。私たちは注意深くならなければいけない。常に慎重になって、用心しなければいけない。調子に乗って、また大損して痛い目に遭《あ》うのは自分だ。ただし、生来《せいらい》の博奕《ばくち》打ちの才能のある人は別である。彼らは瞬時《しゅんじ》に動く。そうでないと、勝ち残れない。そういう人々は、私の本から世界の金融の動きの知識と情報だけ、取って行ってください。

この本では、米と中が、防衛（軍事）と金融経済の両面でぶつかることで、世界が不安定になって、金融恐慌が起きることをずっと説明してゆく。

アメリカと中国が**貿易戦争《トレイド・ウォー》（ハイテク、ＩＴ《アイティ》戦争でもある）で激しく衝突するたびに、NYや東京の株価が落ちる。**そのせいで、世界中が不安定だ。このことを投資家や資産家が、心配して動揺している。自分の金融資産や投資した資金が、安全に守られるか、という根本的な不安を抱えて、そのことを口に出し始めている。

「株や債券の値下がりを見越して、先物《さきもの》の売りで儲けを出そう」とか、「金《きん》の地金《じがね》が値上がりだしたので、そっちに短期間だけ資金を移そう」とかいう、安易な考えはダメだ。どうも、アメリカを中心にした戦後76年目の、世界金融体制（金・ドル体制。ブレトンウッズ体制）の崩壊、終わりが近づいている。そのことを投資家や資産家が、肌合いで敏感に感じ取っている。

私は最近、彼らから、直接の苛立《いらだ》ちや訴えを聞くようになった。彼らの、投資家としての動物的な勘《かん》から来る不安に対して、私はどのような理論と対策を立てることができるか、を真剣に考えている。

米と中が、世界覇権（ワールド・ヘジェモニー　world hegemony　）すなわち、世界の支配権をめぐって激突している。これが今の不安定な金融市場の大きな原因である。この本の英文書名に載《の》せたとおり、“The US - China Hegemonic Cold war”「ザ・ユーエス・チャイナ・ヘジェモニック・コールド・ウォー」である。それは去年（２０１８年）３月に、貿易戦争《トレイド・ウォー》の火ぶたが切られたときからだ。米トランプ大統領が、先制攻撃《プリエンプティブ・アタック》で先に手を出した。

「もうこれ以上、中国を放っておくことはできない」と。さあ、それでだ。この闘いは、アメリカと中国の、果たしてどちらが勝つか。

日本国内では、今もなお、保守的な資産家や投資家、企業経営者たちは、「絶対に、アメリカが勝つ」と固く信じている。「やっぱりアメリカは強いんだー」と威勢よく言っている。だから、彼らは「ＮＹや東京の株は、まだまだ上がり続ける」、そして「円ドルの為替《かわせ》相場は、強い、い、い、ドルが続くので、１ドル＝１３０～１４０円の円安ドル高になる」と予想している。そういう人が多い。果たしてそうか。

私、副島隆彦の本の読者であれば、もう少し深い知恵に基づく、別の見方をする。このことをずっと、この本で説明してゆく。

副島隆彦

目次

まえがき　3

第1章　「米中激突　恐慌」と日本　13

●中国に対する、アメリカ国民の切迫感とは　14
●なぜトランプは「2人の主要閣僚」を叱りつけたのか　18
●市場を直撃した大統領のトゥイッター　21
●消費税10%で日本の景気はどうなるか　24
●ジェットコースター相場で、下落(11月)→上昇(12月)→暴落(2020年1月)　29
●反中国の「フォアマン・レイバラー」とは何か　33
●〝スプートニク・ショック〟の再来　37
●アメリカ人は中国への親近感を抱き続けてきた　41

●これからの株価を予測する　45
●トランプの「(政策)金利を下げろ」は正しいのか　51
●逃げ場がなくなる先進国　56
●2024年、先進国の財政崩壊(フィナンシャル・カタストロフィー)が起きる　62
●中央銀行総裁と財務長官の違い　66
●トランプは、アメリカの隠された大借金を無視できない　68
●「強いドル」の終わり　72
●恐るべき中国のプラットフォーマー　78
●銀行が消滅する時代　81
●日本が買わされたのは、トウモロコシだけではなく大量の兵器　86

第2章 今こそ金《ゴールド》を握りしめなさい

89
●金《きん》を買う人、売る人が増えている　90
●あと2年で金《きん》1オンス=2000ドルに　99

●世界金価格を決めるのは上海とロンドン　103
●ウソの統計数字に騙《だま》されてはいけない　111
●中国とロシアは、米国債を売って金《きん》を買った　114
●最後の買い場がやってきた　118

第3章　米中貿易戦争の真実　121

●米と中の冷戦《コールド・ウォー》はどのように進行したか　122
●ファーウェイ副社長の逮捕と、中国人物理学者の死　126
●トランプを激怒させた中国からの政府公電　131
●「アメリカ政府による内政干渉を許さない」　134
●なぜトランプは折れたのか　140
●李鴻章《りこうしょう》になぞらえられていた劉鶴　144
●対中国制裁関税「第4弾」の復活　148
●妥協派と強硬派――アメリカ国内が分裂している　150

●米国のIT企業とファーウェイ　157
●アメリカに敗北し続けてきた日本　164

第4章　米国GAFA《ガーファ》対 中国BATH《バス》の恐るべき戦い　171

●アリババ（BATHのA）の金融商品が与えた衝撃　172
●追い詰められたアップル社　178
●トランプはアメリカ帝国の墓掘り人になる　181
●アリババの歴史と全体像　188
●ソフトバンク、7000倍の資産膨張　193
●貿易戦争からハイテク戦争、そして金融戦争へ　198
●「中国の手先」と非難されるグーグル　202
●ホワイトハウスに呼びつけられたグーグルのCEO　206
●未知なる最先端の何ごとかが進行している　211

第5章 金融秩序の崩壊 215

●日本が買わされている米国債の秘密 216
●ECB総裁が「恐慌突入」を認めた 220
●2024年、10000円が1000円になる 224

あとがき 232

《巻末特集》
5G、6Gに負けない・超先端技術を持つ優良企業 236

装丁／中原達治

P151写真
時事　EPA＝時事　AFP＝時事
CNP／時事通信フォト　Avalon＝時事通信フォト

第1章　「米中激突　恐慌」と日本

●中国に対する、アメリカ国民の切迫感とは

この本『米中激突 恐慌』は、金融と経済の本である。だから、あまり政治の話から始めてはいけない。だが、今回はどうも、政治主導で世界が不安定になっている。すなわち米と中の世界支配、管理をめぐる、「オレが、世界の王者だ」をめぐる正面激突の様相《ようそう》が見られるのである。

このことを抜きに、今の金融市場の不安定な動きを観察したり、分析したりすることは間違いである。世界政治のことを、まったく語る能力のない金融評論家や経済学者は、もう自滅した。政治《ポリティクス》と経済《エコノミー》はつながっているのであり、互いに貸借《たいしやく》を取り合ってバランスするのである。私が20年前に打ち立てた、この**「政治と経済は均衡《バランス》する」**理論に従うしかない。

今のアメリカ国民は、中国に対する危機意識で満《み》ち溢《あふ》れている。「このまま中国を放っておいたら、我々のアメリカは、覇権《はけん》（ヘジェモニー。世界の支配権）をめぐる世界競争で負けてしまう。このままではアメリカの衰退《デクライン》が起きて、アメリカはボロボロの国にな

トランプが、
この2人を叱りつけた

「バカどもが。
お前ら、中国へ
行って手ぶらで
帰ってきたのか！
子どもの使いか」

大統領執務室で 2019年8月1日

この直後、トランプは、突っ立っている２人の閣僚を睨みつけながら「中国への追加の3,000億ドルの制裁関税」をトゥイートした。

ムニューシン
財務長官

ライトハイザー
ＵＳＴＲ代表

ってゆく」と。激しい切迫感と緊張感が、今のアメリカの白人層に広く行き渡っている。

米政府の高官にキロン・スキナー（58歳）というアメリカ国務省の政策企画局長（ステイト・デパートメント・ポリシー・ディレクター。対外《たいがい》政策の立案担当の高官）を務めた女性がいる。この人がきわめて重要な演説をした。「西洋白人文明は、初めて非白人の文明（中国のこと）との本格的な衝突に直面している。この戦いに勝たなければいけない」と、基調演説を行なった（今年4月29日）。

このときに、アメリカ全体の指導者層の意思決定が行なわれたのである。なんと、この政府各省の高官会議には、アメリカの親中派《しんちゆうは》（中国と妥協して生きてゆく考え）の大親分であるはずのヘンリー・キッシンジャー博士も参加していた。彼は黙って何も言わなかった。

このようにして、米中関係はいよいよ激しい闘いに突入した。その前哨戦《ぜんしようせん》（スカーミッシュ）が、貿易《ぼうえき》（通商）交渉という経済戦争《エコノミック・ウオー》だ。貿易（外国取引）というのは、実需《じつじゆ》、実体《じつたい》、実物《じつぶつ》の経済《けいざい》である。金融《きんゆう》（お金）の経済ではない。

米中ハイテク戦争の激化でNY株が下落する（直近1年）

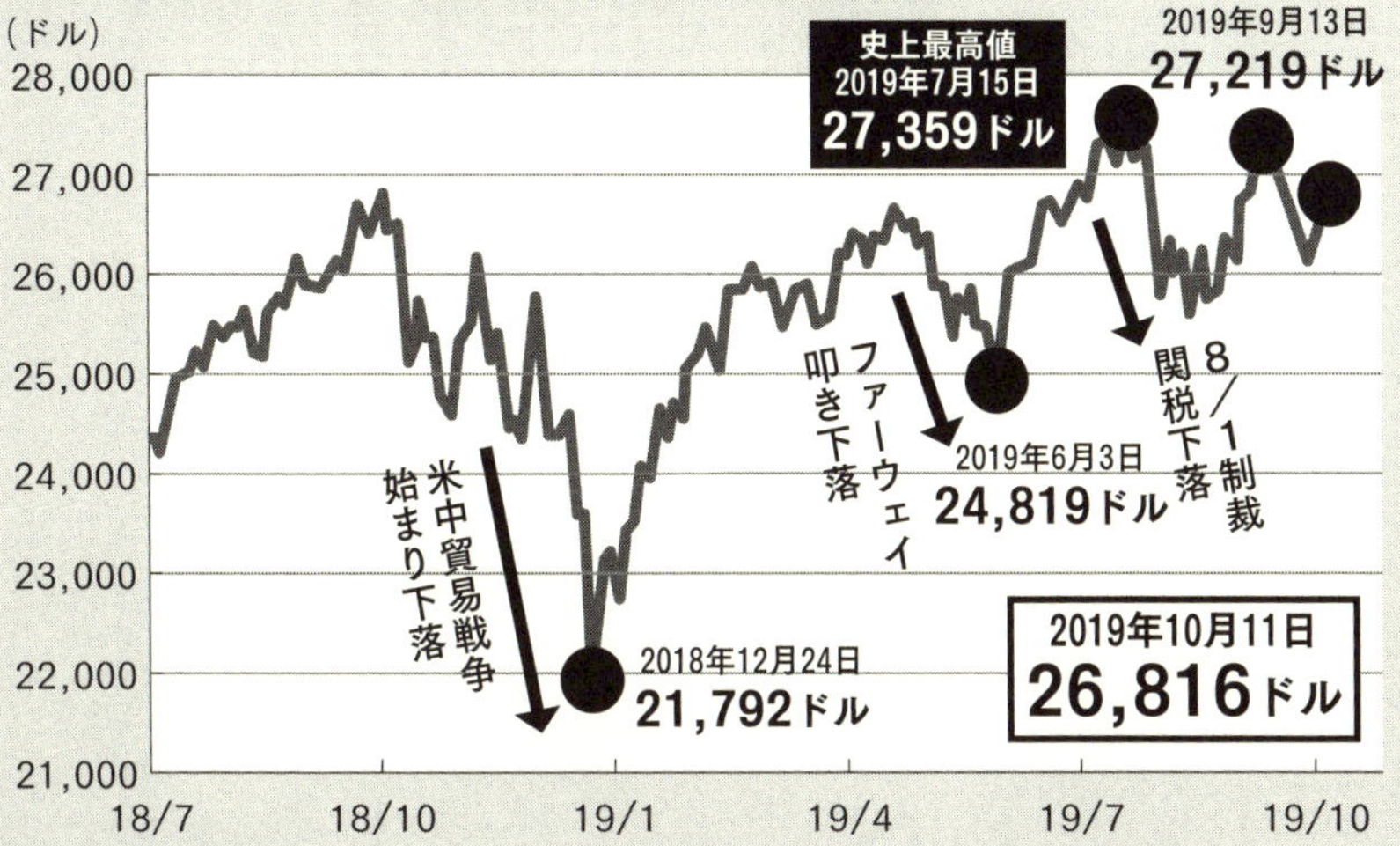

日本株もNY株に合わせて落ちる
日経平均株価の推移（直近3年）

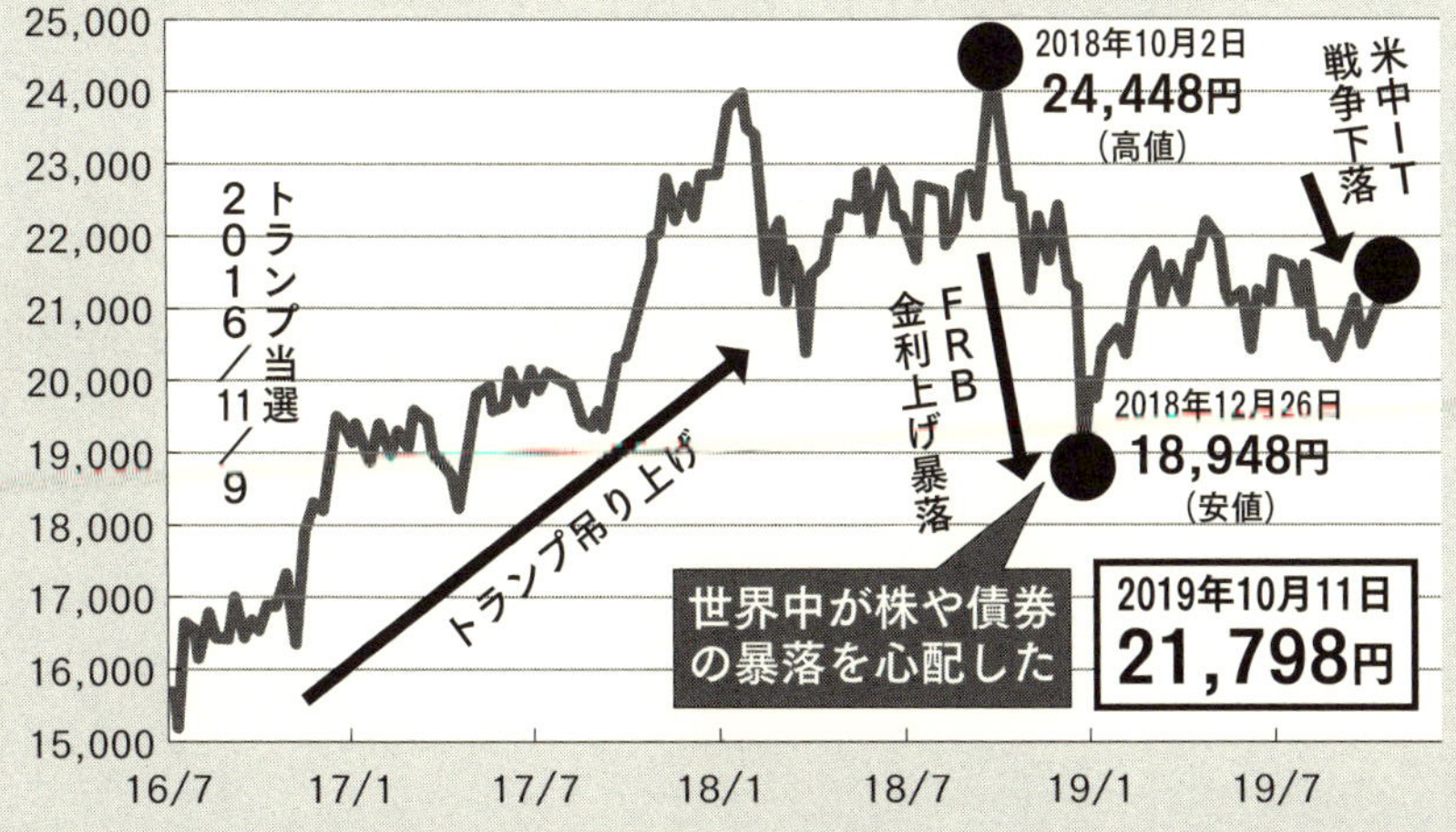

出所　Dow Jones　東京証券取引所

●なぜトランプは「2人の主要閣僚」を叱りつけたのか

今のアメリカの、中産階級《ミドルクラス》の人々までも入れて、8割ぐらいのアメリカ白人が、「もうこれ以上、中国の強大化と発展・成長を許さない。中国の台頭をこのまま座視《ざし》すると、アメリカは中国に世界覇権を奪われる。だから米中の貿易戦争、ハイテクIT戦争で、どうしても勝たなければいけない」と決断した。そして彼らは、アメリカは勝つ、と確信している。

私は、アメリカの白人たち（大金持ちから中間層、そして下層《かそう》まで入る）の、この心理の変化と流れに1年ぐらい前から注目し、凝視してきた。そして、ようやく分かった。どうやら、今回のアメリカ白人たちの「中国との戦争も辞さず」という決意は、本物である。

外国人（私）が、外国（アメリカ）のことを分かるというのは、大変なことなのだ。トランプ大統領自身は、決して対《たい》中国強硬派（ハードライナー）ではない。トランプは、なんとかかんとか中国との貿易協議を、妥協に持っていきたい。それがトランプの本音だ。強そうなことは言うが。

11月の米中の閣僚級通商協議で、険悪化した貿易戦争に少し晴れ間が見える、暫定合意《ざんてい》（プロヴィジョナル・アグリーメント）がなされるだろう。が、すぐにダメになる。中国側が妥協できるのは、１年間に２３００億ドル（25兆円）あるアメリカとの貿易均衡《トレイド・インバランス》（黒字額）を、農産物をとりあえず１兆ドル（１０８兆円）買うことで保《たも》つ、という案である。この他に大きいのは、ボーイングの大型旅客機をまとめて４００機（12兆円）買う、とかである。

この、ボーイング旅客機の大量購入の話は、４年前にオバマ（前大統領）と習近平《しゅうきんぺい》がトップ会談して合意した事項だった。今もなお、この問題を引きずっている。中国は、簡単なことではアメリカの手には乗らない。だから、貿易戦争はズルズルとこの先も続いてゆく。

ここに至る、米中の政府間の激しい駆け引きと争いを、少し前に遡《さかのぼ》って一連の流れとして見てみよう。例えば６月29日の、大阪Ｇ20での、トランプと習近平との首脳会談で、アメリカの負け（中国が絶対に折れなかった）がはっきりした。このときトランプ《トップ》は、前日から虚《うつ》ろな感じになって、半分投げやりになって、翌日（29日）の会談に臨んだ。このことは詳しく後述する（P140）。

トランプは、習近平との会談で、それまでの強硬な態度から一変、柔らかくなって、対《たい》中国貿易制裁を取り止《や》める態度に出た。

① ファーウェイ（華為《かい》技術）とアメリカIT《アイティ》大企業との取引禁止措置を解除する。
② 2500億ドルに続く、3000億ドル（32兆円）の「第4弾」の制裁関税（ピューニティヴ・タリフ）の実施を延期する。
③ 閣僚級の協議を継続する。

この3つであった。

ところがトランプの、この腰砕けの態度に対して、アメリカ国内から批判が湧《わ》き起こった。

「なんだ、トランプ。お前は中国に対してこんなに弱腰なのか。そんなことでは中国との戦いに負けるぞ」との批判の嵐だった。しかもそれは、トランプを強固に支持しているアメリカ中西部《ミッドウエスト》の白人労働者や、農民たちから起きた。トランプはこれに慌《あわ》てた。だから、トランプは俄然《がぜん》、態度を変えて、8月1日に突如、「(やっぱり)中国への3000億ドルの制裁関税を復活する」と発表した。これがP15のコラージュに現われた現場だ。大統領執務室《オーバル・ルーム》で、その前日に上海での交渉から帰ったばかりの2人の主要閣僚を、自分の目の前に突っ立たせたまま、ギロッと上目遣《うわめづか》いに睨《にら》みつけながら、トゥイッターtwitterした。トランプというのは、こういう人なのだ。

●市場を直撃した大統領のトゥイッター

「お前らは子どもの役にも立ちやしない。何も成果なしで、中国から帰ってきたのか」と、実に不愉快そうに見上げながら、トランプはトゥイッターした。これが米中貿易戦争の激突の実情である。

2人の主要閣僚とは、スティーブ・ムニューシン財務長官と、ロバート・ライトハイザーUSTR《ユーエスティアール》(米通商代表部)代表である。この2人は中国に行って、7月31日に上海の迎賓館で米中貿易協議を行なった。中国からは劉鶴《りゅうかく》(副首相)、鍾山《しょうざん》(商務相)、易綱《いこう》

（中国人民銀行総裁）が出席した。

しかし協議は、ほんの数時間で物別れに終わった。米中は激しく衝突したまま、どちらも退《ひ》かないという厳しい対立関係に入った。2人の米閣僚は、すごすごとワシントンに帰ってきた。トランプは怒った。トランプ大統領のトゥイートの文面は、次のとおりである。

"The U.S. will start, on September 1st, putting a small additional Tariff of 10% on the remaining 300 Billion Dollars of goods and products coming from China into our Country."

合衆国は9月1日から、残り3,000億ドル分の中国からの商品と製品に10%の追加関税を発動する。

NYダウ株価の推移（直近3年間）

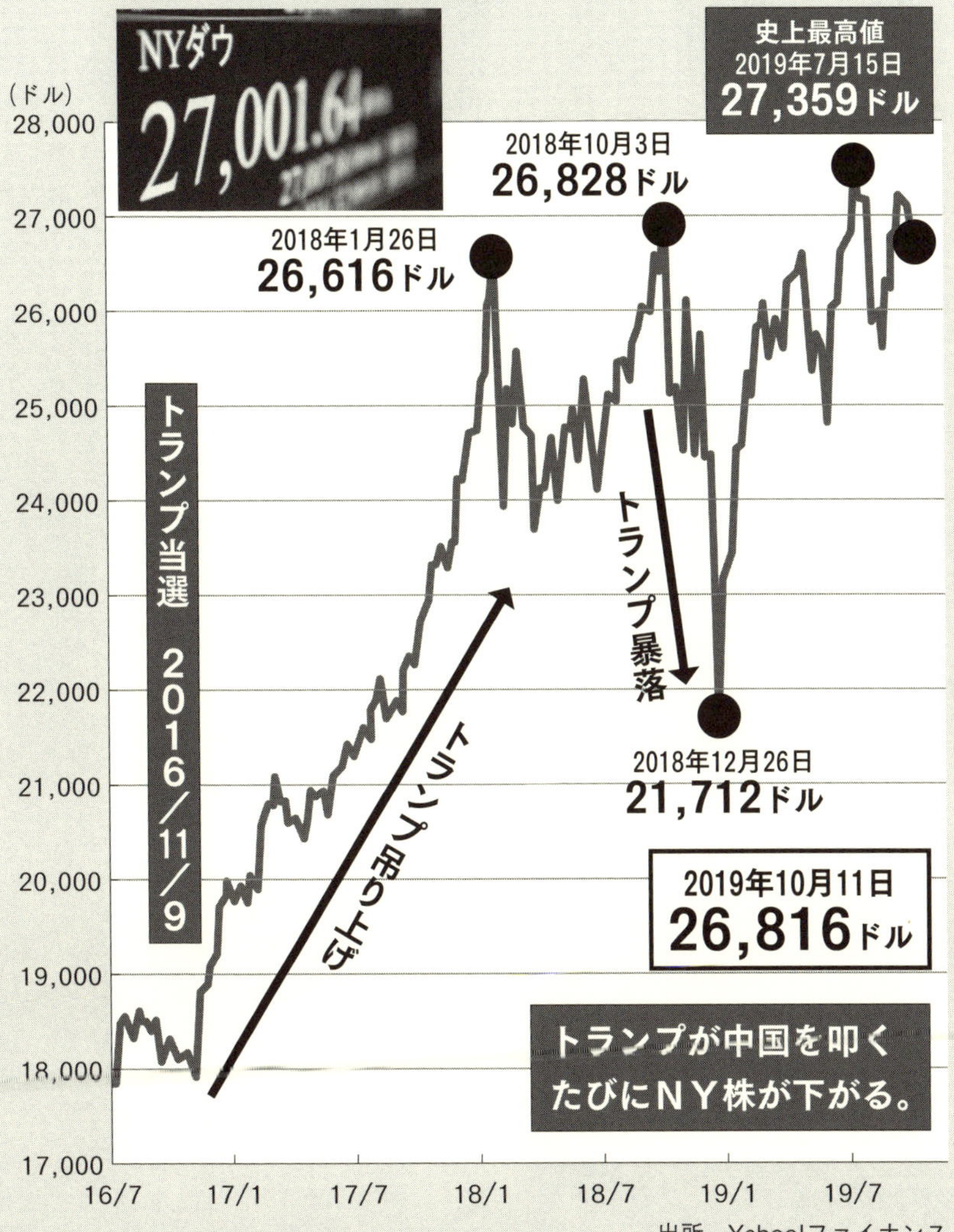

出所　Yahoo!ファイナンス

このトゥイッターが金融市場を直撃した。NYダウは、この日から8月5日にかけて、合わせて865ドル暴落した。8月14日には、800ドル下げた。2万5479ドルになった。この日、金《きん》は上昇を続け、1オンス＝1528ドルになった（13・7ドル上げ）。そして前述したとおり、**9月4日に1560ドルの近年の最高値をつけた。**

NY株はその後も下げ続け、8月23日に2万5682ドルになった。日経平均も8月26日に2万261円まで下落した（P17のグラフ参照）。

●消費税10％で日本の景気はどうなるか

日本では、消費税率が10月1日から10％に上がった。その前は8％だった。わずか2％の消費税の値上がりであっても、物価に影響を与える。景気が悪くなる。ジワジワとその影響が出てくる。それは株価の下落につながる。

消費税は、自営業者や小さな商売人たちに、いちばんこたえる。大企業や大型スーパーは、コンピュータ経理で自動的に計算して、消費税分を政府に納《おさ》める。いちばん貧しい層の国民は、スーパーマーケットで食料品を買うときの食料品の値上がりが打撃となる。国

日経平均株価の動き（直近1年）

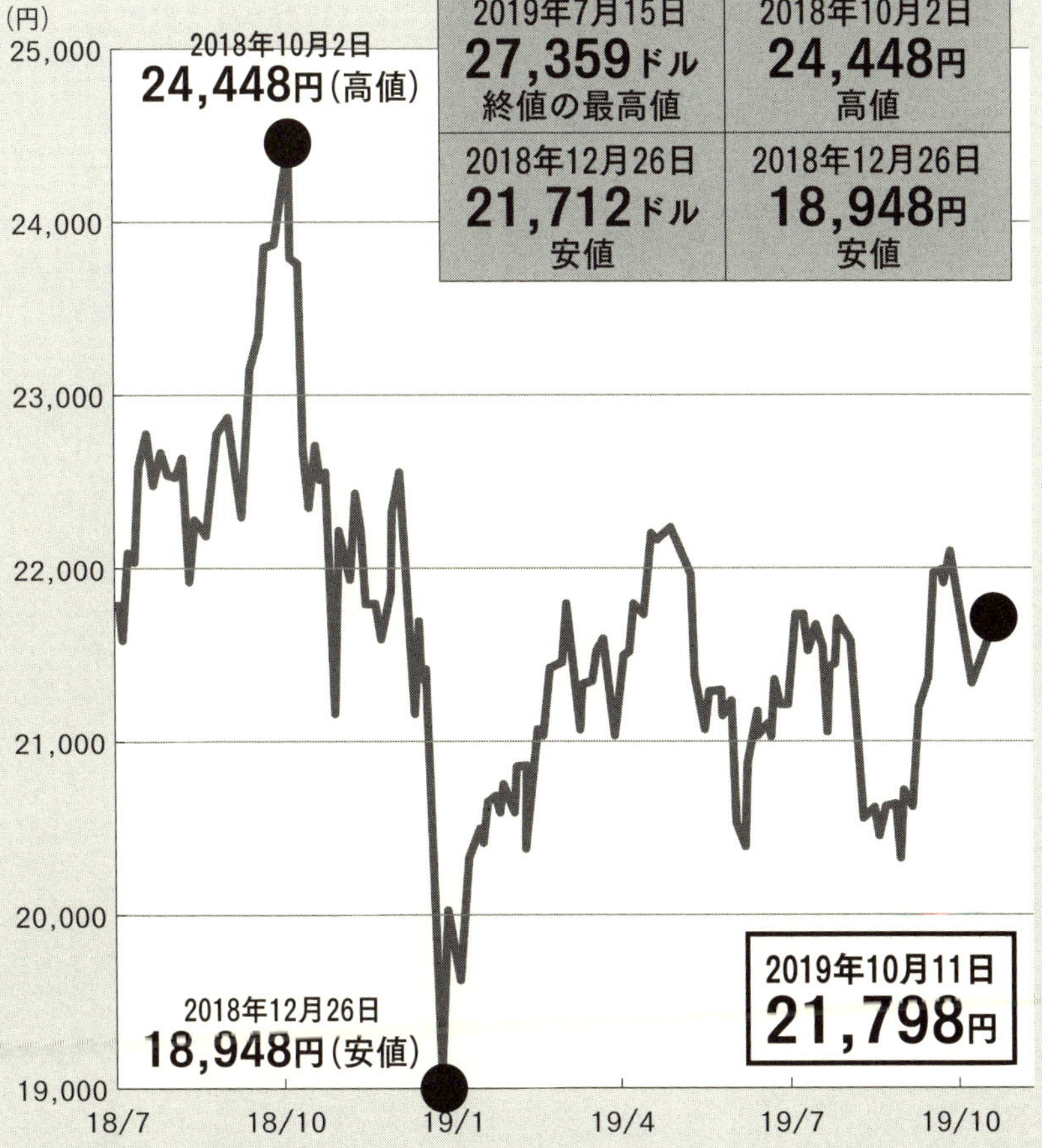

ＮＹダウ	日経平均株価
2019年7月15日 27,359ドル 終値の最高値	2018年10月2日 24,448円 高値
2018年12月26日 21,712ドル 安値	2018年12月26日 18,948円 安値

出所　東京証券取引所

民生活への打撃だ。だから「軽減税率《けいげんぜいりつ》の適用品目」と称して、すべての食料品（と飲料）を8％に据《す》え置いた。

増税というものは、ほんのわずかに見えても、やはり国家が問答無用でする悪事であるから、国民にものすごく嫌われる。なぜなら税金は、「無理やりでも国が奪い取ってゆくもの」である。国家は、その本質（本性《ほんしょう》）は暴力団である。国民との間に、契約も何も結んでいないのに、「納税の義務」（憲法30条）と称して、強盗のように税金を取っていく。消費税は、その本性《ほんせい》と正体は、売上税《うりあげぜい》である。それをわざとらしく、意味不明にするために「付加《ふか》価値税」などというコトバで説明した。

消費税の値上がりで、いちばんこたえるのは、前述した自営業者と零細《れいさい》の企業たちである。消費税の打撃が、なぜ自営業者や商人にこたえるかというと、所得税や地方税や固定資産税を払ったあとの、いちばん最後に、事業主の財布や預金に残っている手元の預金から直接、納《おさ》めさせ取っていくからである。私も零細な物書き、評論家だが、いろんな税金を払わされたあと、最後に80万円払え、と来ると本当にイヤである。これが消費税というものの、悪辣《あくらつ》で傲慢な本当の姿である。

金(ゴールド)がいよいよ本格的に上がり始めた

NY金《きん》の値動き(直近4年)

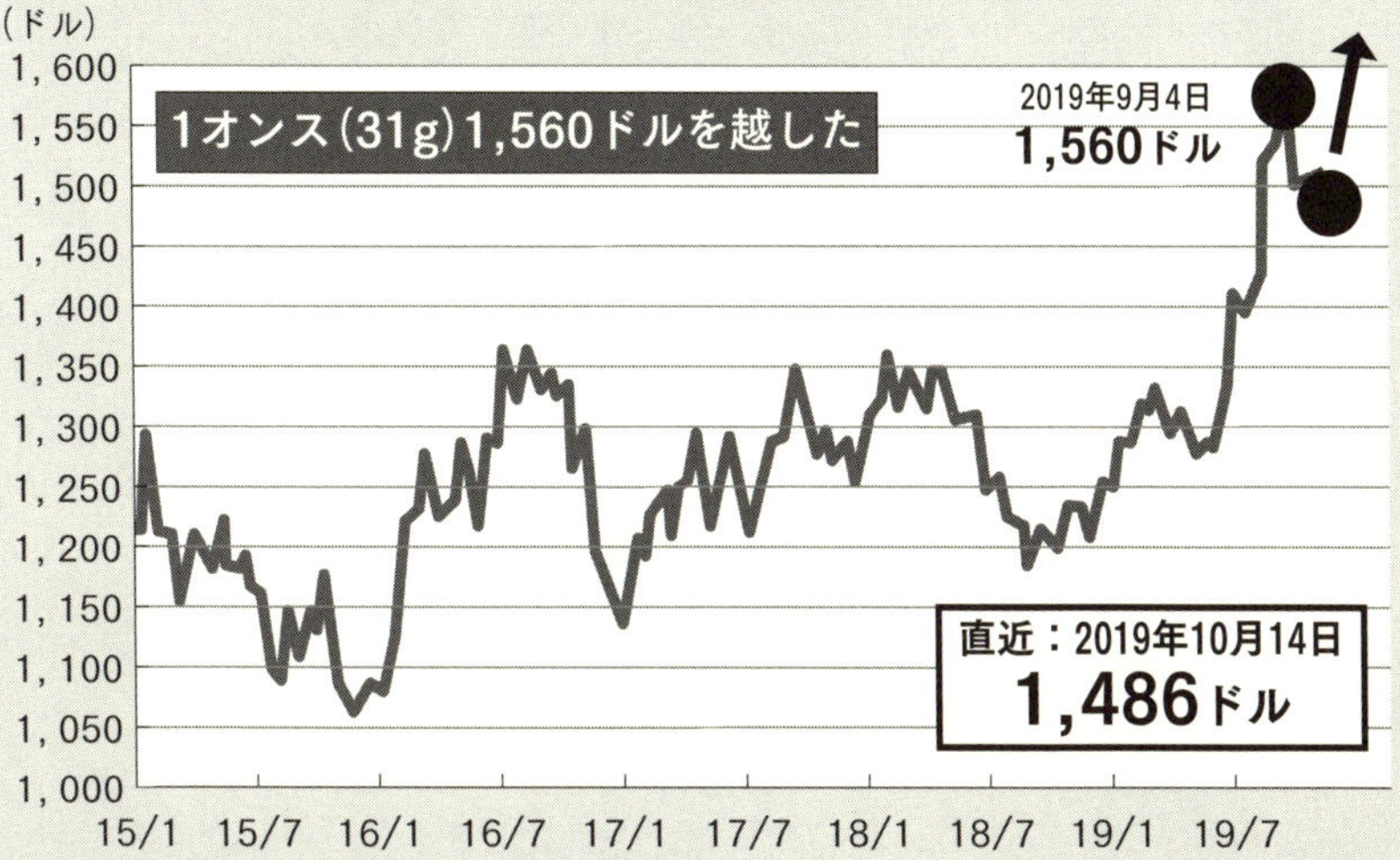

出所　COMEXの期近値

国内金《きん》価格の動き(直近2年)

出所　東京商品取引所(TOCOM)の資料から作成

消費税「率」が、5%から今の8%に引き上げ（増税）られたのは、今から5年前の2014年4月である。そのとたんに、日経平均株価は1万3885円という安値をつけた。前の年の2013年12月30日（大納会《だいのうかい》の日）から2406円も下げた。これと同じことが、2019年末にかけてジワジワと起きるのである。増税をすることの恐ろしさを、いちばん知っているのは、それを実行する権力者たちである。

安倍政権としては、増税のせいで日本の景気が悪くなってしまうと、自分たちの愚《おろ》かな失政（アベノミクス）が馬脚《ばきやく》を露《あら》わしてしまう。だから、無理やりでも、その前に強引に株価を吊り上げた。株さえ高くしておけば、粉飾《ふんしよく》した嘘はバレない、という国民騙《だま》しの方策である。GPIF《ジーピーアイエフ》（年金積立金《つみたてきん》管理運用独立行政法人）と、日銀ETF《イーティエフ》という公的の資金を使って、大型株を軒並《のきな》み買い支えた。

株価のことを「日経225《にいにご》（種平均）」というくらいだから、ここに選抜された優良企業の225銘柄すべてに、万遍《まんべん》なく買いを入れる。こうやって〝官製《かんせい》株バブル〟を発生させる。だから、これから年末にかけて日本の株価は下落してゆく。

●ジェットコースター相場で、下落（11月）→上昇（12月）→暴落（2020年1月）

今から3年前の（P23のグラフ参照）、2016年11月の「トランプ当選」からの上げ潮の波に乗って、ニューヨークは2018年7月13日に株価の大上昇気流に乗せた。日本株（東証《とうしょう》）もそれに連れ高して、2万4448円（2018年10月2日）の最高値をつけた。トランプによるアメリカの株価の粉飾《ドレッシング》吊り上げ相場に便乗した、最高値である。この株価は、24444円《よんよんよんよんよん》「トゥー・クアトロ・フォー」と覚えるとよい（末尾の8と4は気にしない）。もう、この高値を上に突き抜けることはないだろう。

このあとトランプ大統領は、「コラー、FRB（ジェローム・パウエル議長）。金利を上げるなー」の大怒号を繰り返すことになる。「お前たちが、政策金利（FF《エフエフ》レート。短期金利）を上げようとするから、株が暴落するじゃないか」と、トランプは激しく怒鳴った。

本当に、NY株は、なんとこの時期に5000ドル落ちたのだ（もう一度、P23のグラフ参照）。2万6000ドルの高値圏から、釣瓶《つるべ》落としで2万1792ドルまで落ちた

（2018年12月24日）。2日後の12月26日には2万1712ドルに下落した。2万1000ドル台も割るのではないか、と心配された。これと同じことが、来年（2020年）の1月に起きるだろう。

それは、まさしくFRBパウエル議長が、「来年（2019年）は、予定どおり2回の政策金利の利上げを行なう」と、12月に発表した直後のことである。しかも、この大暴落はクリスマスの日に起きた（12月24日）。クリスマスは、欧米白人にとっては特別な日だ。ここで株価が下落すると、国民の気持ちが減退して、不安になる。政治家としては、絶対にやってはいけない愚策だ。この様子はP53の図で、私の前著『絶望の金融市場――株よりも債券崩れが怖ろしい』（徳間書店刊、2019年4月）に載せたものだ。そのあとのFRB（アメリカの中央銀行）による金融政策の要《かなめ》である政策金利の動きも示した。

トランプは、「オレは、当選してからの2年間、必死で、努力して（本当は無理やり）景気回復してきた。その成果を、こらパウエル。お前（たち）は（金利上げで）全部ダメにする気か」と怒った。

それでパウエル議長は、大統領にぶん殴られて、ボッキリと背骨を折られたようになった。そして「もう金利の上げはしません」（3月19日）と、トランプ大統領に全面屈服し

金《きん》を中国で買って、中国で売る

「中国黄金」がブランドである

中国ではデパートでも金を買える。だが、大銀行の支店で買うほうが、少し安い。

「金を中国で買って、中国で売る」が素晴らしい。日本国内と同じ「税金のようなもの」がついている。だが中国では「身分証明書を出せ。税務署用の申告書を書け」とか、うるさいヘンなことを言わない。

た。それでNYの株価は、2万7000ドル台にまで上がった。7月15日が、**史上最高値を更新した2万7359ドル**である。

ヤレヤレ、これでアメリカの金融危機は回避された。金融市場は平穏に戻った。と、皆で喜んだ。それも束の間。今度は米中《べいちゅう》貿易戦争の危機が迫った。2万6000ドルを保っていた株価が、「ファーウェイ（社）叩き下落」（2019年6月3日）で、2000ドル落ちた。

この株価の乱高下（ジェットコースター）相場は、今も続いている。本書が発売される**11月になったら、ヨーロッパ金融危機と「中国との交渉決裂」で、また株の下落が起きるだろう。**トランプは、ここで発破《はっぱ》をかけて、「ええい。年末のクリスマスに向けて、なんとか株価を吊り上げろ」で、12月には上げ相場となる。そして翌年（2020年）1月に、株価は自然な反動で下落する。もう粉飾《ドレッシング》（相場《そうば》操縦《そうじゅう》）の効き目が切れる。

ボラティリティ（変動幅《へんどうはば》）があることで値幅《ねはば》が取れるから、市場関係者たちは喜ぶ。ずっとこういった感じで、来年中も進む。そして、来年11月の大統領選挙でトランプが再選される。その翌年の2021年1月に、大暴落が起きるだろう。

●反中国の「フォアマン・レイバラー」とは何か

株価の動きを、米中貿易戦争との関係に絞《しぼ》り込んで考える。

「NY株急落、623ドル安」

（2019年）8月23日の米国株式市場では、ダウ工業株30種平均が3日ぶりに反落し、前日比623ドル34セント（2・37％）安の、2万5628ドルで引けた。トランプ米大統領が、中国の報復関税に対抗措置を講じる姿勢を見せた。すると、投資家はリスク回避姿勢を強め、下げ幅は一時、700ドルを超えた。外国為替市場では、円相場が一時1ドル＝105円26銭まで上昇し、前日比1円超の円高・ドル安水準となる105円台前半で取引を終えた。

8月23日の米株市場は、ニュースの見出しに振り回された1日となった。朝方は、中国による対米《たいべい》報復措置発表が嫌気され、ダウ平均は、一時180ドル安《やす》近くまで売られた。米国東部時間午前10時すぎに、FRBのパウエル議長の講演内容（引用者注。「さらに利下げを行なう」）が伝わると、買い戻しが優勢となり、プラス圏に浮上する場面もあった。

（日本経済新聞　2019年8月24日　傍点は引用者）

ＮＹの株式市場で、このような激しい株の乱高下が起きる理由と原因は、米中貿易戦争に移った。

それは前述したが、アメリカの白人層の、大金持ち層と中間から下層の白人の労働者たちまでが、すなわちアメリカの国論《こくろん》が、「中国に対してもっと強硬な態度を取るべきだ」と、なったからだ。

彼ら白人の多数は労働者階級だから、本来なら米民主党の支持者なのである。トランプ政権は、共和党の金持ち層以外に、これらの下層白人労働者たちの支持の上に成り立っている。だからトランプとしては、どうしても中国に対して強硬な態度を取るふりをしなければいけない。トランプの本心は、商売人である。すべては取引（ディール）でうまく収めたい。それなのに、それがうまくいかないのが「米中激突」の真相である。トランプは、ますます中国に対して強そうな態度に出る。それも口ばっかりなのだが。

トランプの支持者たち
ニューハンプシャー州
マンチェスターでの集会で（2019年8月15日）

写真　UPI／ニューズコム／共同通信イメージズ

　アメリカはデブの白人（黒人も）たちが、ものすごい数でいる。体重120キロぐらいの人たちだ。女性もすごい。人種を問わない。何でこんなに太ったの。

トランプ支持の中心は、保守的な共和党党員の白人たちである。ところが、アメリカ社会を具《つぶさ》に観察して細かく分析すると、零細企業家や自営業者が、半分失業者になってしまっている。彼らのことを、英語でフォアマン・レイバラー foreman laborer と言う。フォアマンとは、「親方」や「監督さん」という意味である。このフォアマンというのは、とても企業経営者と呼べるような人たちではなくて、仕事があるときだけ仲間で集まって、売上（収入）を作る。

だからアメリカ社会を見るときに、ただ単に経営者や金持ち層と、貧乏な労働者階級に分けられないのだ。今では、その中間の、定職や定収入のない人たちがものすごい数でいる。5000万人ぐらいいる。それがフォアマン・レイバラー「親方、監督」である。この階層の人々を無視することはできない。一応、白人である。

実は、こういう不定期労働の収入で生きている人々が、日本でもものすごく増えている。ビルの清掃のような仕事で、例えば早朝や深夜に5時間だけ働く人たちである。

アメリカには軍人あがりがたくさんいる。例えば海兵隊《マリーン》を45歳で定年になり、そのあと一応、軍人年金が月2000ドル（22万円）ぐらい出るのだが、会社に勤めない人々だ。こういう人が、住宅の建設現場とかで働いていたら、「親方」とか「監督さん」とか「大将」と呼びかけるしかほかにない。こういう人がフォアマン・レイバラーだ。

ジョージ・フォアマンという黒人のチャンピオン・ボクサーがいた。フォアマンというのは、昔の大農園の奴隷頭《どれいがしら》のことだ。彼らは、本当は半分失業していて不定期の収入で食べている。今のアメリカの人口構成で大きな部分を占めている。前述したが、5000万人ぐらいいるようだ。60歳過ぎの定年退職老人で、元気な人たちもここに含まれる。

この人たちが、「今こそ中国を抑《おさ》え込め」と叫んでいる。それこそトランプが唱え続けた「アメリカを偉大な国に、ふたたび戻せ」「メイク・アメリカ・グレイト・アゲイン」である。彼らは、世界一の大国である自分たちのアメリカ合衆国が、中国なんかに負けるはずがない、と固く信じている。

"スプートニク・ショック"の再来

アメリカ国民の中に、今回、湧き起こった中国への激しい敵愾心《てきがいしん》、対決心に、鋭く注目しなければいけない。ようやくアメリカ人は大衆レベルで、中国の強大化とものすごい勢いの台頭に、ハッと気づいた。日本人にしてみれば、なぜ今ごろそんな気持ちにアメリカ人がなったのか、理解できない。それでも、アメリカ人がようやく目覚めたのだ。だが、10年遅かったよ、と私は言いたい。

「中国を叩くならば、10年前にしておくべきだったのだ。今ごろもう遅いよ、アメリカさん」。これが私の洞察である。

歴史を遡《さかのぼ》ると、今から62年前の1957年10月に起きた〝スプートニク・ショック〟と同じものである。今回は〝チャイナ・ショック〟である。アメリカ国民の気分、気風、風潮が、あのとき一変した。「アメリカはソ連に負けるのではないか」と、みんなで真っ青になった。

この1957年10月4日に、ソビエトが、人類初の人工衛星であるスプートニク1号の打ち上げに成功した。このあとすぐ（1957年11月3日）、スプートニク2号で、ライカ犬を生物として初めて無事に地球周回させた。このときのアメリカ国民が受けた衝撃は大きかった。〝スプートニク・ショック〟と呼ばれる。宇宙開発競争で、アメリカはソビエトに追い抜かれた。ということは、核兵器の競争であるICBM《アイシービーエム》（1万キロ飛ぶ大陸間《かん》弾道弾）の脅威と恐怖心が、アメリカ国内に湧き起こったのである。このとき米国の小学生たちは、核戦争に備えて机の下に頭を丸くしてもぐり込む訓練をさかんにやったのだ。

このあと、アメリカは必死になって、ソビエト・ロシアとの対決で、時間稼ぎをした。アメリカ合衆国は、１９６０年代、70年代、80年代の30年間をかけて、ソビエト共産主義《コミュニズム》を打倒したのである。ソビエト崩壊は、１９８９年に始まり、東欧諸国が分離し始め、ベルリンの壁が壊れた（１９８９年11月９日）。そしてソビエト連邦自体が解体されたのが、１９９１年12月である。今からもう28年前だ。

ソ連に勝利したとき、アメリカの言論人や学者たちは、「民主国家アテネ（アメリカ）は、軍事独裁国家のスパルタ（これがソビエト）に、ついに勝利したのである」と、さかんに評論し合った。

だから、このスプートニク・ショック（１９５７年10月）から62年目にして、「今度の敵は中国だ。中国をもうこのまま放置しない」という固い決意をしたようである。

私は、アメリカ政治分析の専門家（プロパー）である。こういう金融経済ものの本も書くが、私の専門（中心学問）は、現代アメリカの政治思想（その諸流派）の研究である。外国人である私が、外国（ここではアメリカ）のことを、外側から分かるというのは大変なことなのだ。外国を分かる、というのは大変なのだ。人《ひと》（他人）の気持ちを分かるのと同じで、大変だ。

その国の国民の感情や意識や感覚は、あるときパッと一瞬で変化することがある。これが外国人には、なかなか分からない。見えない。その国の国民であれば、伝染病の集団感染のように、大きく一時《いちどき》に変化する。それで「どうも、何かあったようだな。アメリカ人の感じが大きく変わったゾ」と気づくことは、専門家としての才能であり、大きな醍醐味《だいごみ》である。私は、この半年間ぐらい「何か変だなあ」と感じていたのだが、分からなかった。それが氷解した。私は突如、大きな変化に気づいて、コツンと来た。外国のことを外側から外国人が理解するというのは、本当になかなか大変なことなのだ。合いの子（混血者。2つの国民文化を生きる人）なら簡単だろう、と思うが、それも大変らしい。かえって複雑になる。

私は2017年8月に、スティーブ・バノン首席戦略官（チーフ・ストラテジスト）がトランプに解任され、辞任したあたりから、何か嫌《いや》ーなものを感じ取っていた。今、このスティーブ・バノンが「中国を徹底的に叩《たた》くべし」の旗振り人となっている。ヨーロッパ諸国の保守的な貴族の館《やかた》を回ったり、日本にも来て反共《はんきょう》運動の宣伝活動（プロパガンダ）

を強く行なっている。彼の背後に、反共産主義（反共《はんきょう》）を掲げる奇《き》っ怪《かい》で強烈な宗教団体がいる。

だから、対《たい》中国でのアメリカの激しい経済金融と貿易（こっちは実物《じつぶつ》経済だ）、先端技術（ハイテクおよびＩＴ）開発競争の熾烈《しれつ》な衝突が今、起きているのである。この世界政治の大きな変動は日本にも伝わり、日本の企業経営者、資産家たちが翻弄《ほんろう》され、不安な気持ちになり、波間を漂《ただよ》う木の葉のようになってしまっている。

だから、私の金融本に近寄ってくれて、読んでくれる人たちだけが、大きな真実を手に入れる。私は、自分の能力（頭脳）のギリギリ限界まで使って、今のアメリカ帝国の内側、内情が、本当はどのようになっているかを、必死で探っている。

●アメリカ人は中国への親近感を抱き続けてきた

すでに「米中……衝突」といった本が20冊ぐらい出版されている。著者は、だいたい名前のある人たちで、私と同じように評論業でゴハンを食べている。が、どうせ彼らは、世界を流れている大きな枠組みを分かっていない。ペロペロと私に追随するしかない。

この「米中衝突」ものの嚆矢《こうし》（始まりのこと）は、『米中もし戦わば』（文藝春秋、2016年刊）である。著者はピーター・ナヴァロ氏である。彼は今、米中貿易協議のナンバー2の交渉官（閣僚）だ。トップは、ライトハイザーUSTR代表である。ナヴァロは、今は国家通商会議（NTC《エヌティシー》）委員長という役職にあって、まだ首がつながっている。彼は対《たい》中国での、交渉の強硬派に、どうしても入ってしまう。だが、どうも同じ強硬派のジョン・ボルトンに次いで、左遷されそうである。

『米中もし戦わば』の原書名は、〝Crouching《クラウチング》 Tiger《タイガー》〟である。この「クラウチング・タイガー」とは、「獲物を見つけてじっと身構え、今にも飛びかかりそうにしている虎」のことだ。「虎」とは昔から中国の譬《たと》えである。

この本（原書は2015年刊）から、「中国を警戒せよ。中国は恐ろしいぞ」という論調が、ようやく米国の知識人層に広がった。アメリカ人は、何としたことか、ようやく中国の強大化に気づいたのである。日本人からすれば、とっても不思議な気がする。

普通のアメリカ人を含めて、アメリカ人は中国人のことを、ずっと「中国人はアメリカの友人だ。中国人は共産主義に狂ったりした、かわいそうな国民だが、アメリカが見守ってあげてきた。中国人は〝ライス・クリスチャン〟だ」と、中国を見下しつつも、大国《たいこく》どうしとして中国への親近感をずっと抱き続けてきた。この感覚は、日本人には分からない。それぐらいアメリカ人の中国への感じ方は、ついこの間まで、ものすごくフレンドリーなものだったのだ。大国どうしの感覚というものである。アメリカは、決定的に中国への対応を間違った。

ライス・クリスチャンとは、「お米（ライス）を主食にしているアジア人で、クリスチャン（キリスト教徒）になった国民」という意味だ。このようにアメリカ人は、パール・バック女史の書いた大作小説『大地』（1931年）以来、ずっと中国を友人だと思ってきた。それはドイツと日本に対して、連合国《れんごうこく》（同盟国。ally アライ）として戦ったときの、連合国《アライド・パウアズ》側の仲間時代がずっとあったからだ。この連合国が、そのまま戦後の世界体制である連合諸《しょ》国（ユナイテッド・ネイションズ。×国連は誤訳）である。

1971年から、中国は連合諸国《ザ・ユーエス》に入って、しかも5大国（5《ファイブ》・パーマネント・メンバーズ）と呼ばれる常任理事国である。〝世界のお役人さま〟である。この5大国だけが、刀《かたな》（核兵器）を持っていい。台湾（中華民国）は、このとき連合諸国《ザ・ユーエス》から追放された。台湾（2400万人の人口）は、国家ではない。

１９４９年に中国共産党との戦いに負けて、中国本土から台湾に追い落とされていった蔣介石《しょうかいせき》（チャンカイシク）の国民党《コンミンタン》を応援するアメリカ人は、今も大きな勢力として存在している。これをチャイナ・ロビー China Lobby の派閥（勢力）と言う。このチャイナ・ロビーは、アメリカの保守勢力である共和党内で、今も第５番目の大きな思想派閥である。老人の上院議員たちがそうだ。その代表は、イレーン・チャオ　運輸長官《トランスポーティション・セクレタリー》だ。彼女の父親は、中国から台湾に亡命したあと、ＮＹで大《だい》海運会社の「フォアモストグループ」を創業して会長になった富豪である。

　だから「米中衝突」ものの本の中に、私のこの本も入る。だが私の考えは、私の専門《プロパー》のアメリカ研究だけでなく、中国研究においても、日本国内の中国研究者たちよりも、もっと大きな視点から「アメリカ対《たい》中国の人類史（世界史）における大きな闘い」として描いている。

　私はすでに、この12年間で12冊の中国研究本を書いて出版している。１冊目の書名は、『中国　赤い資本主義は平和な帝国を目指す』（ビジネス社、２００７年12月刊）である。私は12年前に、ハッと激しく動揺して気づいた。急いで中国研究を始めなければいけない。中国の目覚《めざ》ましい巨大な成長は、人類史（世界史）を動かす、と。

私は2008年9月、〝リーマン・ショック〟というアメリカ発の金融大恐慌が起きるその直前に、必死になって時間を見つけて、この中国本を書き上げた。それから毎年、1冊ずつの割で、中国全土の大都市を順番に現地調査しながら中国研究本を出版してきた。だから私は、『米中激突 恐慌』を今、書けるのだ。言っておきますが、〝リーマン・ショック〟を直前に予言して当てたのも私ですからね。

●これからの株価を予測する

さあ、株はこれからどうなる。どのような動きをこの先、するか。P17のグラフを見たら分かるとおり、NYダウは9月13日に、ふたたび2万7000ドルの大台の高値をつけた。それは2万7219ドルである。7月の最高値に追いつこうとした。が、ダメだった。

9月14日に、サウジアラビア東部の油田地帯への爆撃があって、流れが変わった。ふたたび中東がキナ臭い感じになった。この攻撃は、イエメンという南の国のフーシ派という武装勢力が放った10機の無人機（ドローン）によるものだった。その背後にイランがいると言われている。トランプは、本心ではイランのハメネイ師、ロウハニ師の指導者と会って、和平《わへい》（ピース・トークス）に動きたい。しかし、それが許されない状況だ。トランプは、外交交渉が上手のように見せているが、下手《へた》である。

どうも、サウジを支配しているサウド王家の基盤が緩《ゆる》んでいる。もしサウジアラビア（「サウド家のアラビア」という意味）が、内乱状況にでもなってくると、中東全体がふたたび大きく揺れる。サウジのムハンマド・ビン・サルマン王太子（MbS《アムビーエス》と略称される。まだ34歳のガキ）が、このまま王位（父親のサルマン国王は高齢）を継げるか、怪しくなっている。

このサウジの不安定な動きは、米中が激突する貿易、ＩＴ戦争の泥沼状態に追い打ちをかける。第三次世界大戦へ向かう予兆のように思える。だから株価の動きに、ジワジワとこの動きが出てくる。

「トランプ氏「必要なら石油備蓄を放出」 サウジ施設攻撃受け」

トランプ米大統領は9月15日、石油施設が攻撃されたことで、サウジアラビアの原油生産の半分が停止したことを受けて、「必要に応じて、石油備蓄を放出することを承認した」とツイッターで表明した。

サウジの原油生産停止を受け、ニューヨーク原油先物市場では9月15日、国際的な指標となる米国産標準油種《ゆしゅ》（ＷＴＩ）の10月渡しが、時間外取引で一時１バレル＝63ドル台前半と先週末から約15％上昇し、約４カ月ぶりの高値となった。

こうしたなか、トランプ氏は、必要に応じて米政府が戦略的に備蓄する石油を売却することで「市場に十分な原油を供給し続ける」と強調し、市場の不安払拭《ふっしょく》を図った。

（毎日新聞　２０１９年９月16日）

このあとサウジの油田火災はすぐに鎮火して、原油生産を再開した。原油の値段は１バレル＝52ドルにまで戻った（10月４日）。

実は、石油（原油）は世界で余って、ダブついているのである。だから1バレル＝64ドルという高値をつけてみたが、すぐに収まった。**石油よりも天然ガスのほうが、エネルギーとして世界的に重要**な時代に、すでに入っている。

石油の値段が跳《は》ね上がると喜ぶ人々が、アメリカにいる。それは、アメリカ国内（主にサウスダコタ州などの北部）で、天然ガス（シェール・ガスというのはウソ）を採掘しているベンチャー・キャピタリスト（一攫千金《いっかくせんきん》を狙う山師《やまし》の鉱山主）たちだ。

彼らは現代のゴールド・ラッシュ（1848年にカリフォルニアで金《きん》が出た）に群がる山師たちだ。トランプは、このベンチャー・キャピタルという、危なっかしいエネルギー源への投資家たちを、自分の若いころの姿（都市型デベロッパー。歓楽街づくり）と重ね合わせて応援している。だから「金利を下げろ。ゼロにまでしろ」と喚《わめ》くのである。若い企業家は、銀行からの融資（借金）の返済と金利で、ものすごく苦労する。

先進国であるアメリカ国内で、石油や天然ガスを掘り直すのは、経済法則に反している。近くの都市の水を汚したりする。第1次産業を先進国が再度やる、というのは経済法則《エコノミック・ルール》に反している。この「アメリカ産天然ガス」を、無理やり買わされている日本の大商社は、どこも哀れである。最近の9月20日、三菱商事までが、ついに345億円の損金を決算で表《おもて》に出した。

米中の金融、ハイテクの経済戦争は、世界に拡大してゆく動きのように見える。アメリカの世界管理戦略は、どんどん弱体化している。アメリカは、今や中東でたった2つの国、すなわちイスラエルとサウジアラビアだけが同盟国（味方）である。このイスラエルとサウジの、現在の支配体制を維持できないと、アメリカはいよいよ中東地域《リージョン》からも全面撤退してゆくことになる。すでに中東（ミドル・イースト）の北半分は、ロシアの支配下にある。中東の北半分であるイランとイラク、シリア、トルコの4つの主要国の管理は、すでにもうプーチンのロシアに任《まか》せていると言っても過言ではない。いよいよアメリカの、中東全域からの撤退《ウィズドロー》も起きる。

この動きは、私たちの極東《ファー・イースト》（東アジア）でも同じように起きている。米軍はもうすぐ、数年後には、韓国から撤退するだろう。韓国には在韓米軍が一応、発表としては3万7000人いることになっている。日本は5万7000人で、合計で10万人の極東地域《リージョン》へのアメリカ派遣軍ということだ。この他に日本には、佐世保《させぼ》と長崎《ながさき》を母港《マザー・ポート》とする空母《エアクラフトキャリア》2隻の基地があって、ここに2万人（各々で1万人ずつ）の米兵が駐留《ちゅうりゅう》していることになっている。

米韓の共同軍事演習（ジョイント・ドリル）は実質、中止になっている。だから、日本の保守派（安倍政権支持の人たち）は不愉快で仕方がないのだ。だから韓国叩き、韓国イジメばかりやって憂《う》さ晴《ば》らしをしている。

安倍政権支持派の日本人は、韓国が秘かにますます北朝鮮とべったりくっつく（同一民族なのだから、この動きは自然だ）ことが気に入らない。現に、韓国はどんどん北朝鮮と経済交流、境界線のビル建設などで、なし崩しに、ものすごいスピードで世界にバレないように民族統一が進んでいる。なぜか、この実態は新聞、テレビで報道されない。

さらには、なんとこの韓国と北朝鮮が、合わせて中国にすり寄っていく動きが如実《にょじつ》に見えてきた。これも世界に対してはバレないように、だ。韓国のサムスン電子は、最先端の半導体の技術を、中国にコソコソと渡しているようである。内陸部の大都市、西安《シーアン》（陝西《せんせい》省）にあるサムスンの半導体工場が、重要な役割を果たしている。アメリカはこのことに気づいているが、今は韓国叩きをやっていられない。だからその代わりに、日本にその役目をやらせている。トランプは、不愉快そうに文在寅《ムンジェイン》韓国大統領のことを、「（この）チャイナ・ボーイ（め）！」（裏で中国にすり寄っている男）と、呼び捨てにしている。本当だ。

ここで、さらに大事なことが一つ。それは、北朝鮮はどうせ核兵器を絶対に手放さない。ということは、韓国も、なし崩しの民族統一で、核兵器を持ってしまったことになるのだ。このことが本能的に、日本の保守派を刺激して、ますます韓国への憎しみを高めているのである。これが、現下の日本で起きている嫌韓《けんかん》運動の、本当の隠された原因である。このことを誰も書こうとしない。

●トランプの「(政策)金利を下げろ」は正しいのか

日本の株は、最高値の2万4448円どころか、4月28日につけた2万2258円を超えることはなかった。9月の上《あ》げ潮《しお》相場（「米中の衝突が緩んだ」と、市場が勝手に判断した）で示した高値は、このあともずっと2万1000円台で、ずるずると動いてゆく。アメリカも日本もヨーロッパも、政府は〝ゼロ金利〟に向かい、かつ金融緩和（ジャブジャブ・マネー）と、さらには長期金利（国債の値段）もマイナス金利でかまわない、というところまで来た。

だから、あぶく銭のような余剰な資金が、今もまだ市場に溢《あふ》れている。だから株が急激に下がることもない。このあぶく銭は、新興国や貧困国の投資にも流れて、回ってゆく。このこと自体は、いいことだ。ジャブジャブ・マネーの恩恵は、米欧日の先進国以外のところに、余剰《サープラス》（かつ過剰）の資金の自然な流れとして回ってゆくことである。これらの〝出現の根拠のない資金〟が、先進国がもうすぐ大恐慌へ突入してゆく原因となる。

だから株価は、これからも上がったり下がったりの**ジェットコースター相場**である。業者やプロの投資家たちは、利幅《りはば》取り（ボラティリティ相場と言う）で、儲けを出す。米中の貿易戦争は、これからも何度でも、交渉（協議）を繰り返して、グズグズ、ぐちゃぐちゃと続いてゆく。金融市場はその影響を受けて、いつまでも乱高下のままだ。

ドカーンと大きな一撃が起きて、NYダウが2万ドル割れ、日経平均が2万円を割るという事態がないわけではない。**去年の12月26日の安値である1万8948円が現にある。**前述したように、NYダウは2万1712ドルまで落ちた（同じ2018年12月26日）。なんと、去年のクリスマスにこれが起きたので、アメリカ人は不安になった。年末のお休みは、欧米人はどうしても豊かな気持ちで過ごしたいのである。

パウエルFRB議長をトランプが怒鳴り上げた

米欧日の政策金利の推移

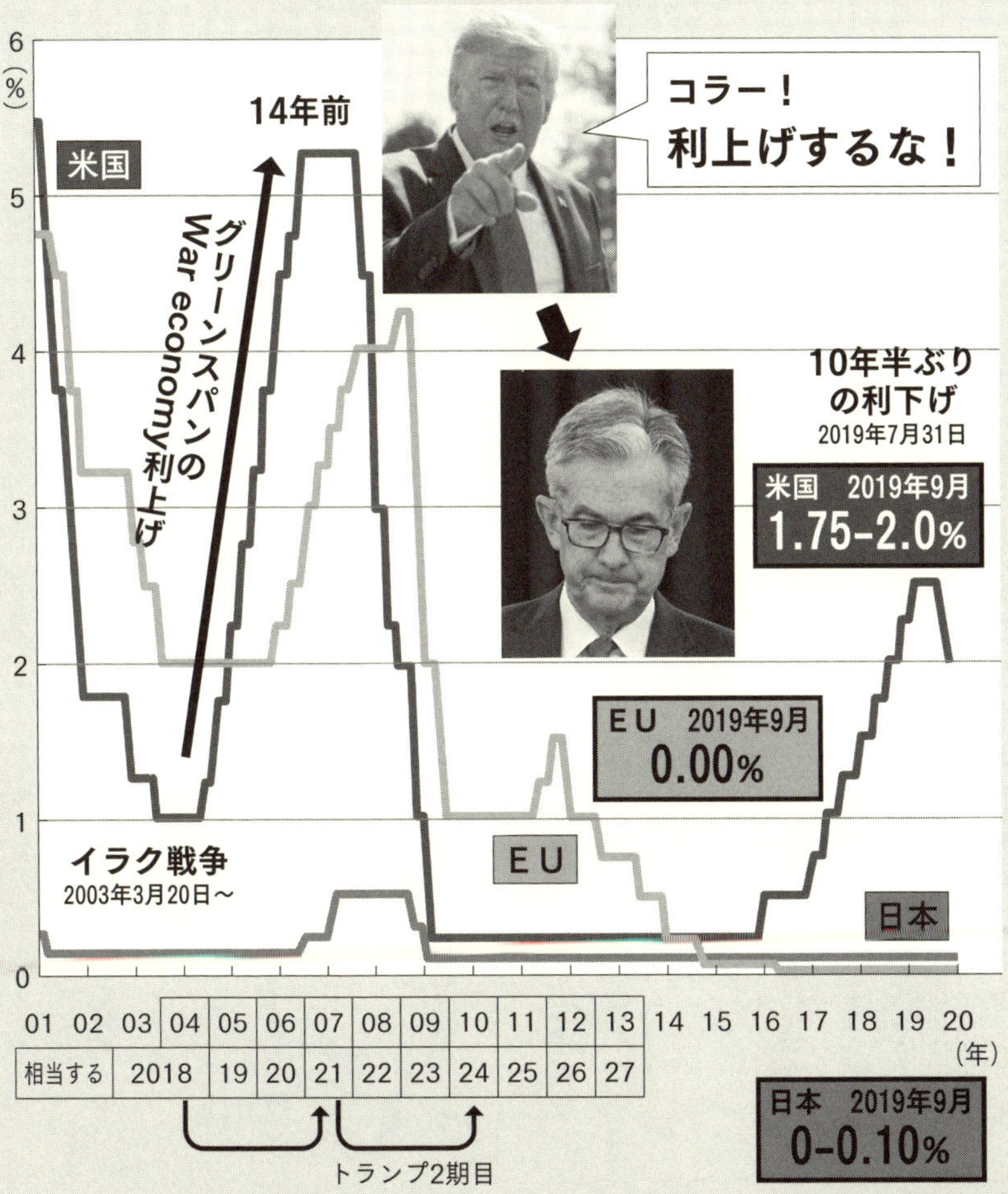

トランプはそのことをよく分かっている。だから今年の12月も、無理やりでも粉飾（ドレッシング）をして株価を吊り上げておかないといけないのだ。

クリスマスの4日前（２０１８年12月20日）に、パウエル議長が「ＦＲＢは、来年には2回、政策金利を上げる」と言ってしまった。これでＮＹ株が急落した。そこでトランプ大統領が「バカ、コラー。パウエル、金利を上げるんじゃない。大暴落が起きるじゃないか」と怒鳴り上げた。Ｐ53のグラフのとおりだ。

あのときトランプの、独裁者的な勘による「金利を上げるな。下げろ」の判断は、今から考えれば正しかったことになる。

「アメリカにはもう、政策金利を上げて、いざというときに備える貯金をしている余裕なんかないのだ。何で分からないんだ。政策金利を４％まで持ち上げる力はもうないんだ。パウエル、分かれ」という、切迫した怒鳴り声だった。

トランプ（と、周《まわ》りの助言者。ＮＥＣ《エヌイーシー》［国家経済会議］のラリー・カドロー委員長が代表。彼は古参のサプライサイダー経済理論の生き残り）にしてみれば、自分が選挙に当選（２０１６年11月）して以来、無理やり株価をガーガー吊り上げて作った「トランプ景気」

である。値幅で６０００ドルくらい上げた。それが剝《は》がれ落ちて、自分の３年間の苦労が台無しになることを、本気で怖れて怒った。このときからＦＲＢの金融政策（フィナンシャル・ポリシー。通貨量《りょう》と金利の両方）の方針が、ポッキリ折れるように変わった。政府から独立した気高い独立委員会のはずのＦＲＢは、トランプの剣幕と脅迫に怯《おび》えながらブルブルしている。

それ以来、低金利どころかゼロ金利、さらにはマイナス金利（これは理論上、国債市場などの長期金利でしかあり得ない）が、当たり前のような風潮になった。こんなことが経済学の理論としても有《あ》り得《う》る、という空気（ニューマ）が世界中でまかり通っている。経済学者たちは、みんな黙りこくっている。ここで、日本の経済学者であっても、「トランプ支持。ゼロ金利政策は有効だ」と、日本経済新聞に書いて（発言して）しまうと、あとで仲間内（経済学界）で袋だたきにされる。「あいつは定見《ていけん》のないやつだ。見損《みそこ》なった」と蔑《さげす》まれる。ＭＭＴ《エムエムティ》（現代貨幣理論）というお子さまランチを持ち上げる（チンドン屋をやる）だけでも大変なのに。

こんな「ゼロ金利もＯＫ」などというバカな話は、本来あり得ないのだ。金利が消えてしまったら、お金というものの性質が根本から変わる。資本主義（カピタリスムス）が終わってしまう。そのあと人類に、何と言う金融秩序、経済体制が現われるのか、今のところ誰にも分からない。

トランプが喚《わめ》いている「ゼロ金利にしろ。そうでなければ景気（経済）を維持できないんだー」というのが正しいのか？

トランプにしてみれば、「背に腹は替《か》えられない」で、切実な目の前の現実である。だが、おそらく間違っている。政策金利は3、4％ぐらいあって、初めて世の中が健全に回るのである。政府（本当は中央銀行）が定める短期金利の上に、多くの他の民間の金融取引（金融秩序。住宅ローン金利とか）が作られてゆく。この金融秩序が先進国では壊れつつある。

●逃げ場がなくなる先進国

P53の政策金利のグラフのとおり、中央銀行は金利（と通貨量《マネー・サプライ》）で景気を調節してきた。だから本当に恐ろしい金融崩壊（ファイナンシャル・カタストロフィ）が押し寄せる

“賢人”マーティン・ウルフ

マーティン・ウルフ（1946年生）は、世界銀行から英「ファイナンシャル・タイムズ」（FT）のチーフ・エコノミストになった。彼の発言は世界各国の金融政策の責任者たち（中央銀行の総裁や財務長官）に強い影響を与える。

ウルフは、「アメリカ（FRB）は、今のうちに金利を上げておくべきだ。トランプ大統領がやっていることは馬鹿げている」と、優れた考えを示した。

ときに備えて、必死で今のうちに中央銀行の貯金箱に貯金をしておかなければいけないのである。それが政策金利である。それをゼロにして使い果たしてしまったら。もう米欧日の先進国には、いざというときの逃げ場がない。船の操舵輪《そうだりん》が壊れてしまう。

「「意気地なし」トランプ氏がFRB批判」

トランプ米大統領は、9月18日、連邦準備制度理事会（FRB）が小幅な利下げを決めたことについて「意気地なし」で、センスもビジョンもない！」（引用者注。トランプはこのように書いた。"No"guts《ガッツ》［引用者注。根性《ガッツ》。腹が据《す》わっていない］" no sense, no vision!"）とツイッターに投稿し、景気を後押しする大幅利下げに踏み込まなかったことを批判した。
ＦＲＢは9月18日の金融政策を決める会合で、政策金利の0・25％引き下げを決定した。トランプ氏は決定発表から約30分後に、「パウエル（ＦＲＢ議長）とＦＲＢは再び間違った（失敗した）」（引用者注。"Jay Powell and the Federal Reserve Fail Again."）と書き込んだ。
利下げ後の政策金利は、年1・75〜2・0％になる。トランプ氏は9月11日、「ＦＲＢは金利をゼロかそれ以下にすべきだ」と投稿し、パウエル氏やＦＲＢを念頭に「アホ《ステューピッド》」のせいで経済成長の機会を逃していると不満を表明していた。

（産経新聞　2019年9月19日）

アメリカの政策金利（ＦＦレート。昔の公定《こうてい》歩《ぶ》合《あい》）は、このあとも1・75％、1・5％、1・25％、1・00％……と下がってゆく。目も当てられない惨状だ。「金利が下がって、サラ金（今は、表面上はないことになっている）の金利も下がるから嬉《うれ》しい。安くお金が借りられて、いい世の中だー」と、思っている人たちが、たしかにいる。

金利がゼロに近づくと、債券（ボンド）の利回り《イールド》（金利《インタレスト》と同じ）もゼロだ。そうなると債券（国債が中心）の価格が跳《は》ね上がる。しかし表面上は、この国債価格が安定している。ところが、隠れて発行している「100年もの米国債」とかは、取引価格が190%とかに暴騰しているのである。このことを、私は前著の『絶望の金融市場』（2019年4月、徳間書店刊）で書いた。ところが、誰《だ》ーれも理解してくれなかった。7月には、株が最高値をつけた。それでウハウハしたバカたちが出現した。私の負けだった。

やっぱり不景気がヒドすぎる。日本は大不況のまま20年以上が過ぎている。経済衰退《けいざいすいたい》（エコノミック・デクライン）。✕「マイナス成長」は人騙《ひとだま》しのコトバ）で、国民生活はどんどん悪化している。それなのに、それを国民に気づかせないようにして、悪辣《あくらつ》な政治運営が行なわれている。

私の考えは、「政策金利のゼロ金利化」は大間違い、であるということだ。

英FT《エフティ》「ファイナンシャル・タイムズ」紙のチーフ・エコノミストである、賢人《ワイズマン》のマーティン・ウルフ（P57の写真）が言い放ったとおり、「トランプ大統領がやっていることは馬鹿《アブサード》げている。今のうちに少しずつ金利を上げておくべきなのだ」が正しい。私もそう思う。このことを簡潔に解説した、共同通信客員論説委員の岡田充《おかだたかし》氏の文を載せる。

「欧米メディアのアメリカ批判が鮮明に」

極めつけは、フィナンシャルタイムズ（FT）のコメンテーター、マーティン・ウルフ氏の「米『対中《たいちゅう》100年戦争』の愚《ぐ》」（6月7日付「日本経済新聞」掲載）。同氏は、世界銀行を経て1987年にFT入りしたエコノミストで、その論評は各国の財務相や中央銀行総裁も注目すると言われる。

ウルフ氏は、トランプ大統領の対中政策の狙いを「アメリカの覇権の維持だ。その手段は、（アメリカが）中国を支配するか、（それとも）中国との関係をすべて断つかだ」とし、先のスキナー国務省政策企画局長の発言を批判しながら、米中対立をイデオロギーや覇権争いとみなせば、「米中摩擦の着地点は見えない」と疑問符をつけた。

その主張を要約すると、

- 知的財産の盗用が、アメリカに〝多大な〟損害をもたらしているという見解は疑問
- トランプ政権の貿易政策上の行為のほぼすべてが世界貿易機関（WTO）ルール違

反で、中国を不正と非難するのは欺瞞《ぎまん》

・中国のイデオロギーはソ連のイデオロギーと違い、自由民主主義の脅威になるようなものではない。右翼のデマゴーグの方がはるかに危険

・中国の経済的、技術的な台頭を抑えようとしても確実に失敗する

そして結論として「現在起きていることの悲劇は（中略）トランプ政権が同盟諸国を攻撃し、アメリカが主導して築いてきた戦後の体制を破壊していることだ。アメリカの今の中国への攻撃は、正当化もできなければ、やり方も間違っている」と（ウルフ氏は）結んだ。

どうだろう。まるで「人民日報」の論評のようではないか。欧米資本主義を代表する経済紙のコラムニストが、ここまで対米批判を鮮明にするのは極めて珍しい。

（ビジネスインサイダー　２０１９年6月12日　注は引用者）

これが、世界基準での最高の知性の考え（意見）というものだ。

ところが、この世界的にまともな専門家たちの考えを、トランプがぶち壊してしまった。なんとマーティン・ウルフも、このあと黙りこくってしまった。どうやら、迫り来る

世界大恐慌（ワールド・デプレッション）に備える方策としての金融政策（中央銀行が行なう）が、すでにブッ壊れて無意味になったことを表わしている。船の操舵輪《そうだりん》と方向舵《ほうこうだ》（ラダー）が、外れたようだ。船（地球号）は漂流を始めた。

●2024年、先進国の財政崩壊（フィナンシャル・カタストロフィー）が起きる

もう一つの舵《かじ》とり機械である財政政策（フィスカル・ポリシー）のほうは、もうとっくの昔に使い果たして消えてしまっている。この財政政策は、財務省（財務長官《ファイナンサー》）がやる。10年昔だったら、新聞でも「財政出動《しゅつどう》」とか「積極《せっきょく》財政」というコトバがよく使われた。それが、日本でも消えてしまった。

積極的に政府が財政資金《ざいせいしきん》（国《くに》のお金）を投入して、景気を上に押し上げるということをやった。これがケインズ経済学の王道《おうどう》だ。この考え方そのものが滅んで、死滅してしまったのである。そんな政府のお金、財政資金などという余裕は、もうどこにもない。どこを捜《さが》しても出てこない。スッカラカンのカンだ。財政資金を出動するお金なんか、すってんてんで、まったく無《な》いのである。借金してでも、この財政（出動！　カッコいいなあ）資

金を作るべきなのだが、どこから借りるのか？

財政資金の原資《げんし》（元手《もとで》）は、税金からの税収である。税金は、国民から残酷に取り上げて徴収する、血だらけの生身《なまみ》のお金である。これを、政府が余裕を持って貯めておくなどということは、今ではまったくできないのである。

公務員を食べさせるお金（これがプライマリー・バランス。50兆円。国家予算105兆円の半分）を、まずどうしても政府は確保する。公務員というのは、自分たちの、めんこい忠実な手下《てか》だからだ。予算《バジェット》を組むための足りない資金だけは、どこかから絶対に借りてこなければいけない。

どこから？　だから中央銀行から。すなわち日銀から。本当は、これはやってはいけない禁じ手なのだ。

これでバカみたいな話になってしまった。金融政策と財政政策がゴッチャになってしまった。日銀（中央銀行）が刷り散らかすお札（紙幣《ノート》）と、政府（財務省）が刷り散らす紙切れである国債《ナショナル・ボンド》（国家の借金証書だ）の2つの紙キレ《ノート》を、チャッチャャと交換し合って、それで国家（政府）の毎年の借金の分を穴埋めしている。ましてや、景気対策としての財政（出動）資金の捻出なんか、そんな余裕はまったくない。

2020年（予測）		GDP	世界全体に占める比率
アメリカ合衆国		22.0兆ドル	23.9%
中国　強い		16.5兆ドル	17.9%
EU	ドイツ	4.3兆ドル	4.7%
	フランス	3.0兆ドル	3.3%
	イギリス	2.8兆ドル	3.0%
	イタリア	2.2兆ドル	2.4%
	スペイン	1.5兆ドル	1.6%
	その他	……	……
	全体	20.4兆ドル	22.2%
日本		ずっと5.2兆ドル	5.7%
ロシア　本当はもっと大きい		1.8兆ドル	2.0%
インド		2.8兆ドル	3.0%
ブラジル		2.2兆ドル	2.4%
カナダ		1.9兆ドル	2.1%
オーストラリア		1.6兆ドル	1.7%
韓国		1.7兆ドル	1.8%
インドネシア　伸びる		1.6兆ドル	1.6%
トルコ　伸びる		1.2兆ドル	1.3%
その他諸国		……	……
世界合計		92兆ドル	100.0%

世界各国のGDP（2020年予測）

日・米・中3カ国の
名目GDPと5年後の予想

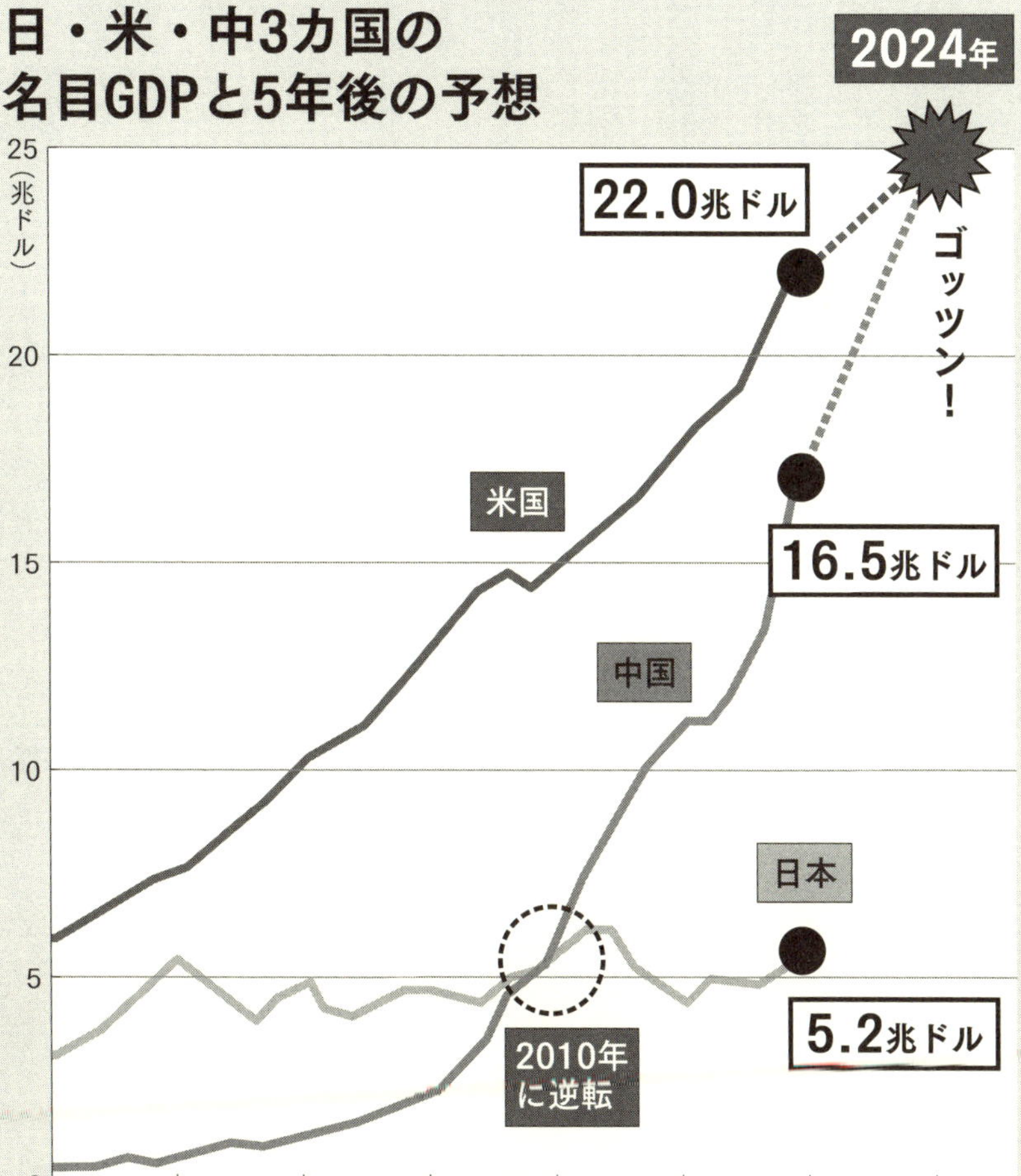

出所　IMF、OECDの資料を基に副島が予測値を算定

何をか況《いわ》んや、である。米、欧、日の先進国は、この20年間、こんな途方もないインチキをやりながら「私どもは先進国の一等国でございます」と気取ってきた。借金だらけの企業経営者とそっくりだ。借金だらけの現実を隠しまくって、粉飾人生を続けているのだ。真の売り上げと利益は出ていないくせに。

どうせいつか、化《ば》けの皮が剝《は》がれる。金融危機（ファイナンシャル・クライシス）に続いて、政府の財政崩壊（フィナンシャル・カタストロフィー）が起きる。そしてそれは、すぐさま世の中の経済全体に影響を与える。**世界大恐慌が始まるのである。** おそらく**それは、5年後の、2024年か2025年である。** 私はこの主張、予言を2年前から始めた。この考えを私は変えない。

●中央銀行総裁と財務長官の違い

中央銀行総裁《エクスチエカー》と、財務長官《フィナンシア》（大臣）は、どう違うのか。違わなければいけないのか。このことを、この本でも説明する。

マネー・メイキング（貨幣《マネー》＝通貨《カレンシー》を作ること）は、誰かがしなければいけない。それは現金出納係《すいとう》である、エクスチェカー exchequer がする。これがやがて、ヨーロッパで各国の中央銀行総裁となった。エクスチェカー（中央銀行）は、現実の必要に応じて、市場法則に従ってマネー・メイキング（通貨の発行）をする。

しかし、マネー・クリエイション（マネーを無《む》から創造《クリエイト》すること）は、してはいけない。それは神の業《わざ》である。マネー・クリエイション（貨幣創造）はしてはいけないが、クレジット・クリエイション（信用創造《しんようそうぞう》）はしていい。この銀行が持つ信用創造機能こそは、天才学者ジョン・メイナード・ケインズが発見した大理論である。

この銀行というものが持つ、経済成長の原動力となる信用創造（これが「有効需要《エフェクティヴ・デマンド》創造理論」だ）を正しく応用（活用）して、中国はこの40年間で巨大な成長を遂げた。

これに対して、財政家（financer　ファイナンサー、フィナンシア）というのは、国王から抜擢されて「王の蔵《フィナンス》」を預かり、管理する責任者である。この財政家（官）は王様の信任が厚くて、国家（国庫、王の蔵）を管理して国家財政を行なう。これが財務大臣《ファイナンス・ミニスター》である。だが、財政官はマネー・メイキング（通貨の発行）をしてはいけない。それは、エクスチェカー（現金出納係）の仕事である。この厳格なルールで、ヨーロッパの近代社会《モダーン》は成り立ってきた。日本だって、江戸時代の荻原重秀《おぎわらしげひで》（5代将軍綱吉《つなよし》に仕《つか》えた）のような優れた財政家がいた。

この中央銀行（総裁。セントラル・バンカー）と、財務長官（ファイナンサー）の違いを、経済学の理論としてしっかり理解している経済学者は、今の日本人にはいない。私は苦労して努力して、独力でようやくこの世界理解に到達した。だからお裾《すそ》分けする。

だから、中央銀行（通貨《マネー》の発行者《イシュア》）を廃止して、国家組織の中に統合して財務省と合体させてしまえ、というのは暴論なのである。

●トランプは、アメリカの隠された大借金を無視できない

トランプにしてみれば、政策金利（ＦＦレート）が0％になれば、巨額に隠されているアメリカ政府の財政赤字の、金利の払いもゼロにできる。だから、国の台所を預かる責任者としては、その分、国家経営が楽なのである。だから「金利をゼロにしろー」なのだ。

アメリカ政府の、累積《るいせき》（長年）の財政赤字は、連邦政府《フェデラル・ガヴァメント》（ワシントンの中央政府）だけで60兆ドル（６６００兆円）ある。表《おもて》に出ている連邦の財政赤字が23兆ドル（２４０

０兆円）ある。この金額は「連邦政府の債務上限《さいむじょうげん》（デット・シーリング）」と呼ばれて、毎年毎年、アメリカ政治で騒がれている。本当は、この３倍の財政赤字があって、真実の数字（金額）は隠されている。この他に、50州と40の大都市の財政赤字がある。さらに、民間部門（大銀行と証券と保険）の隠れた大借金が同じぐらいある。本当に有《あ》る！

トランプは不動産業の商売人《デベロッパー》あがりだから、お金のやり繰《く》りばっかり考えている。この生き方そのものは、責任者として正しい。これまでの歴代の米大統領たちは、アメリカの財政赤字の隠された巨額（60兆ドル、６６００兆円）を教えられて、目玉が飛び出しそうになった。そして「私は、そんな恐ろしい話は聞きたくない。そんな大借金は私のせいではない。これまで積み上がってしまったもので、前の者たちの責任だ」と、まったく関わろうとしなかった。

それに対してトランプは、お金（大借金）のことを無視できない人間なのだ。米中貿易戦争で、中国に対して制裁の高い関税《ハイ・タリフ》をかけるのは、それだけで毎年、財政収入が10兆円（１０００億ドル）生まれるからである。それで米国債の利払いの足《た》しになる。だから中国イジメをやっているのだ。

国家の収入は、税金《タックス》か、関税《タリフ》しかない。国民がこれ以上、税金を払いたくない（また取れない）のだから、関税（外国貿易からの国庫収入）を増やすしかない。

関税《タリフ》というのは、税金《タックス》と似ているが違うのだ。誰も説明しないので、私がする。

関税は、人類史に通行税（トール・ゲイト・タックス）から始まった。高速道路の料金支払いのようなものだ。山賊《さんぞく》や大名たちが、「ここを無事に通りたければ、400文《もん》払え」と街道に関所《せきしょ》を作り徴収した。夜は関所を閉めて城に戻った。だから城は街道沿《かいどうぞ》いにあるのだ。海賊も同じだ。「ここの海を通りたければカネを払え。払わなければ大砲で撃って船を沈める」と強請《ゆす》った。これが貿易関税の始まりだ。

世界の流れは、大きくGATT《ガット》体制（1948年成立）で関税を撤廃してゆく動きにある。貧しい後進国の場合だけ、自分の国の素朴な産業を守るために、強い国（先進国）からの輸入品に高関税をかけることが認められている。それなのに、超《ちょう》大国であるアメリカの大統領が、体面をかなぐり捨てて、GATT（関税及び貿易に関する一般協定）の自由貿易体制《フリー・トレイド・オーダー》の指導理念に反することを平気で今、やっているのだ。みっともないったらありゃしない。だが、アメリカ国民はそうは思わない。それくらい、今の彼らには余裕がない。

「お前たちは、アメリカ様のおかげでここまで豊かな国になったんだ。その代金を今から

ドル・円の為替相場の推移

(直近の1年間)

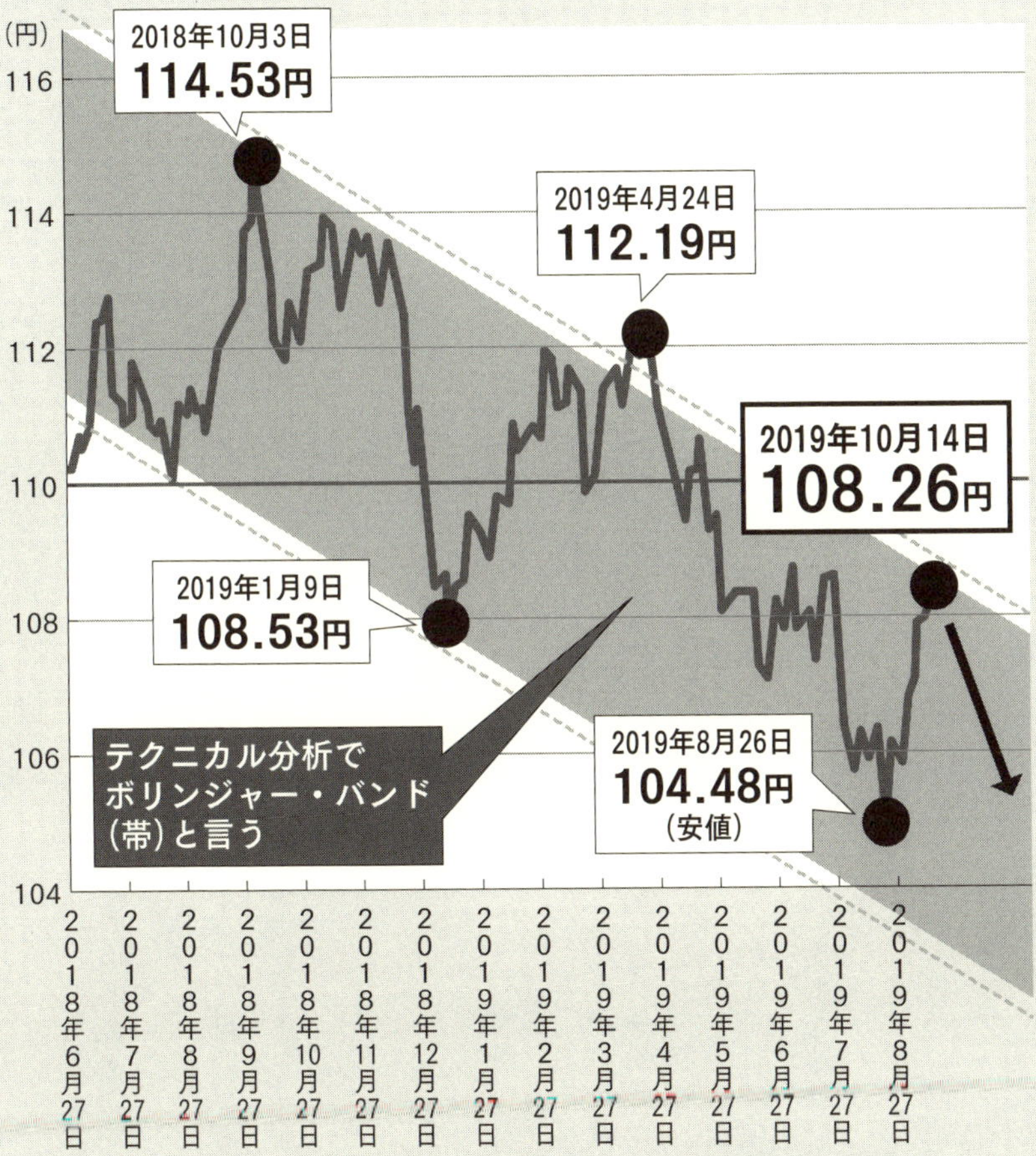

1ドル＝110円に戻ることはない。108円からふたたび切り返して円高(ドル安)に向かう。トランプ大統領は強いドル(ドル高)を望んでいない。

払え」と、貧乏になったアメリカは、他の国々に卑《いや》しい強引なせびりを始めた。日本が世界一、ひどいカツ上げに遭《あ》っている。

アメリカは東アジア圏のＴＰＰ《ティピーピー》からも離脱した（２０１７年１月）。自分が言いだして始めたＴＰＰ（環太平洋パートナーシップ協定）だったのに。笑ってしまう。今は「２国間の通商協議」と称して、アジア諸国を個別に痛めつけている。たった一言、「アメリカにカネ払え」である。

●「強いドル」の終わり

円ドルの為替相場は、１０４円台の円高にまで行った（8月26日）。そのあと円安方向へ戻っている（１０７円）。ここでも**ジェットコースター現象**が見られる。またしばらくしたら円高方向になって、１ドル＝１００円の壁を破るときが近く来る。私の考えでは、ドルの下落、ドル安は運命である。Ｐ71とＰ227のグラフのとおり、大きな流れでは円高ドル安の方向で間違いない。

それなのに、日本国内の為替の投資家には、どうしても「アメリカは強い国だ。アメリカのドルは強い。だからドル高・円安になる」と固く信じ込んでいる人たちがたくさんいる。私からすれば、アホの限りである。敗戦後のアメリカによる日本人洗脳《せんのう》というのは、スゴいものだ。

彼らは、為替市場の証拠金取引（FX《エフエックス》）である「くりっく365」などで、どうしても円安方向に、自分の投資資金を先物《さきもの》で張っている。円を売って、先物でドルを買う。彼らは1ドル＝130円、あるいは140円になると固い信念を持っている。彼らにとっては、だからドルが強くなって、ドル高・円安方向に少しでも向かうと嬉《うれ》しい。

それに対して、円高がどんどん進行して、1ドル＝110円の大台を割ったころから（2019年1月）、彼らは不愉快になって、不機嫌になってしまった。P71のグラフにあるごとく、1ドル＝110円から上の円安になることはもうない、と私は予測する。ふたたび切り返して、ジェットコースター相場で円高に向かうだろう。

なぜなら、**トランプ大統領自身が、ドル高（強いドル）を必ずしも望んでいない**からだ。彼の口ぶり（トゥイッター。呟《つぶや》き）は、「私は強いドル（ドル高）が好きだ。だがしかし、アメリカ製品が外国で売れるためには、ドル安になることも必要である」と言う。だから彼は、本心ではドル安論者なのだ。次の記事にはっきり出ている。

「揺らぐ「強いドルは国益」＝トランプ氏、通貨安を志向」

米歴代政権が堅持してきた為替政策の原則、「強いドルは国益」（引用者注。強いドルとはドル高のこと）が揺らいでいる。トランプ大統領は輸出に不利になるとして、ドル高を繰り返しけん制。中国の人民元安誘導《やす》に対抗して、ドル安志向を強めるとの観測もくすぶる。基軸通貨《キー・カレンシー》であるドルの不安定化は、急激な円高など市場の混乱を招き、世界経済の打撃になりかねない。

「強いドルは国益」の言い回しは、1990年代後半にクリントン政権当時のルービン財務長官が使い始めた、とされる。米通貨当局のドル安定重視を明示する決まり文句として、以降の政権に引き継がれた。

トランプ政権のムニューシン財務長官も「強いドルを信じている」と話す。だがトランプ氏は最近（引用者注。8月8日）ツイッターで、**「米大統領として私が非常に強いドルを喜んでいると思うかもしれないが、そうではない」**と明言。使い慣らされた文言に異を唱えたことで、為替政策の転換を意図しているとの臆測が広がった。

実際トランプ政権は7月、ドル相場押し下げ介入の可能性を議論した。今のところトランプ氏は「ドル安誘導の必要はない」と語っているが、為替介入をめぐる警戒感が市場に漂う。米国が介入すれば、東日本大震災後の円高（引用者注。８年前だ。このとき１ドル＝76円になった。大災害の国の通貨が大上昇した、という不思議な現象だ）阻止で日銀などと協調して行った２０１１年以来だ。

一方で、米国が単独でドル売り介入を行えば、ドル相場が不安定化し、「米国から資産逃避が加速する」（エコノミスト）恐れがある。トランプ政権は「人民元相場を低く抑えている」として、中国を25年ぶりに「為替操作国」に認定した（８月５日）手前もあり、介入は現実的ではなさそうだ。

そこでトランプ氏は「連邦準備制度理事会（ＦＲＢ）が利下げすれば自動的にドルは少し安くなる」と、ＦＲＢに迫る。ただ、ＦＲＢへの執拗な圧力は、金融政策の独立性を傷つけ、結果的にドルへの信認を損ないかねない。

（時事通信　２０１９年８月14日　太字と傍点は引用者）

この記事にあるように、トランプはドル高を望んでいない。その証拠は、前述したように、トランプがアメリカの金利をゼロにしたいからだ。その逆方向で、アメリカの金利が高くなれば、アメリカ国内に外国から資金が流れ込む。金利がつくからである。ところがトランプは「アメリカの金利を0％にしろ」と喚いているわけだから、アメリカの国債なんか買いに行かない。この大きな流れを理解すれば、円高・ドル安方向の見方がやはり正しい。

ＦＸ取引で為替のギャンブルをやっている人たち以外にも、ドル高・円安論者がいる。実需《じつじゅ》ベースで、アメリカ国内の不動産（住宅や商業ビル）を買いなさい、買いなさいと勧めて、自分も投資用物件としてアメリカの住宅を買っている不動産業者たちである。主にハワイやカリフォルニア州の、海辺のヴィッラ（villa 別荘のこと）を投資用（賃貸し物件）に買うことを勧めている。

さらには、ＮＹのアパートメントへの投資も勧めている。日本の大手の建設会社が、ＮＹの都市再開発《アーバン・リデベロップメント》用の高層住宅（タワー・レジデンス）を建てている。これらはニューヨーカーにも人気がある。なぜなら、大金持ち用の広々とした床面積４００平米の、お屋敷のような高価な物件（50億円ぐらいする）だけが売られているわけではない。

考えてみれば、トランプ・タワーのような、金《きん》キラキンの、世界中の成金《なりきん》たち（ヌーボー・リシェと言う。今はニュー・リッチと言う）が買うようなものは、ほんの一部である。日本の建設会社が作るアパートメントは、手堅く50平米ぐらい（いわゆる日本サイズの2DKだ）が、60万ドル（7000万円）ぐらいである。

30年前に、日本人の住宅は〝ウサギ小屋（ラビット・ハッチ）〟と呼ばれて、さんざんバカにされた。それが、今はヨーロッパでも人気があるのだから、皮肉なものだ。さらにはテキサス州のヒューストンとダラスのような新興の地方都市にまで、日本の不動産業者が、投資用物件を勧めている。「米ドルは強いので、為替でも儲かって資産価値が増えますよ」と言うのである。

だが、日本の投資家たちが当て込んでいる、ダラス‐ヒューストン間の高速鉄道（通勤新線）は、開通しない。いくら長官（閣僚級）4人が、必死になって地元を説得しても、地主たちが土地を売らない。今のアメリカは、新幹線1本、通すことができない。何十年もかけて。何という国だ。

1ドル＝140円になる、と、この人たちは開発業者を含めて頭のてっぺんから固く信じ込んでいる。私はそうは思わない。ドル安・円高になるのは、ドルの運命である。1ドル＝75円が本当にあった（2011年10月）のだ。P227のグラフを参照してください。

●恐るべき中国のプラットフォーマー

私は、この米中ハイテク戦争の実態を調べようと思って、7月末に、中国のハイテク企業の総本山(メッカ)である広東《カントン》省の深圳《シンセン》を調査旅行した。深圳は香港と接して、その北側にある。深圳に、中国のIT《アイティ》の先端大企業の本社と、数十万人の技術者たちが結集している。そして、その周りに、自分の才能の開花と人生の一攫千金《いっかくせんきん》を求めて、500万人の若者たちが寄せ集まっている。アイデアをIT投資家(エンジェル、インキュベーター)に必死で売り込んで回っている。ダメだったらIT工場の工員で終わる。それでも、中国全土に7億人いる農民たちよりは恵まれている。農民たちも豊かになってきた。

中国人は今も、目をらんらんと輝かして、自己実現の欲望と国家の繁栄を一致させながら、獰猛《どうもう》に生きている。日本どころか、アメリカも勝てるわけがない。「副島さんは中国だからなあ」と、私に向かって足りない頭で言う投資家や金持ちたちがいる。それなのに、私の本を読んでくれる。もう少し勉強しなさいね。そして世界の大きな変化と流れを、もっと自覚しなさい。

なんとスマホそのものが銀行になった。

微信支付 WeChat Pay　支付宝™ ALIPAY

中国では、アリババのアリペイ（網商銀行）と、テンセントのウィーチャットペイ（微衆銀行）は、決済（支払い）だけでなく、融資までする。この先、何が起きるか。

私は今をときめくファーウェイの本社を見に行った。その隣の一帯に、やや古ぼけた鴻《ホン》海《ハイ》の主要工場があった。それらを自分の目で見て回った。それらの中国IT大企業については、第3章で説明する。

私がとりわけ、気づいてびっくりしたのは、アリババ（阿里巴巴集団）のアリペイ（支付宝《ジーフーバオ》 Alipay ）と、テンセント（騰訊控股《タアンシインコオングウ》）のウィーチャットペイ（微信支付《ウエイシンジーフー》 WeChat Pay ）である。第4章で後述する「BATH《バス》」の中の、AとTである。

この2社は、利用者がスマホを使ってお金のやり取りまでする巨大企業である。このアリババとテンセントのことを、プラットフォームを握りしめた重要な企業という意味で、今の若い人たちは「プラットフォーマー」と呼ぶ。

みんな、最近は「決済《けっさい》」（セトゥルメント）というコトバをよく使う。これは商業と法律学の用語で、お金を送金して代金の支払いをすること、あるいは代金を集金する会社側からすれば、課金（チャージ）のことを一語で表わしている。このほかに送金（レミッタンス、内国為替《ないこくかわせ》）もする。これが決済である。

この決済機能において、この2社が、この10年で世界をビックリさせるほどの、恐るべき力を持ってしまった。ウィーチャットペイが12億人、アリペイが9億人の会員（アカウント保持者）を持っている。合計すると21億人だから、中国の人口14億人（本当は15億人）よりも多い。重複して2つのアカウントを持っている。中国人のほとんどが入っている。

この2社の何がすごいかというと、お金の支払いを全部、スマホとスマホをピタッとくっつけるだけでできてしまう。たったの30元（500円）や、50元（800円）の小銭の類《たぐい》まで、スマホで支払いをしている。実《じつ》店舗での買い物では、お客のスマホの画面（Q《キュー》R《アール》コード）を、読み取り端末がスキャンする。家族や友人同士の送金は、お互いのスマホをかざすだけで完了する。私は聞いてはいたが、自分の目で見てビックリした。現に中国人のほとんどが、それをやっている。現金なんか使わない、という中国人が増えている。これを、技術の自然な進歩による中国の勝利と見るか、で、外国人はみんな考え込んでいる。

●銀行が消滅する時代

このこと自体は、日本でも知られていた。だが、驚くべきは、このネット決済には、途中にクレジットカード会社や銀行の口座の動きがまったく介在していない。つまりクレジットカード会社も銀行も、もう要《い》らないのである。すなわち〝銀行消滅〟である。この書名の本を、私は2年前に書いて出した（祥伝社、2017年刊）。

アリババとウィーチャットペイは、もう融資（貸付）までやる。さらには預金《よきん》（投資だ。金融商品の販売）までやる。その限度額も、一瞬のうちに決まる。会員の信用を測定して一瞬に行なう。日本の銀行が行なってきた、ローンや貸付や債権譲渡《さいけんじょうと》の機能を、ネット企業がやってしまっている。ヨーロッパもアメリカも、この決済スピードの速さについていけない。これが、カール・マルクスが言った「不均等《ふきんとう》発展理論」である。遅れた貧しい後進国が、優れた指導者と技術革新力を持つと、ものすごい勢いで先進国を追い抜いてゆく。過去の制度やしがらみに縛りつけられていない分だけ、一気に破壊的に最先端に躍り出ることができるのだ。

このお金の動きの「流通速度」のものすごさが、中国の勝利を物語っている。ここでは、宇宙ロケットで発射された商業用の通信衛星の数400基以上という数の多さが、重要なのだ。もうアメリカを追い抜いた。それと、海底ケーブルの世界中への張り巡《めぐ》らし方である。さらに海上輸送力（商船の多さ）である。これらのことは、これ以上書かないが、中国はアメリカを国家インフラ場面でも追い抜いて、追い落としつつある。だからアメリカが、ファーウェイと5G問題で慌てているのである。

実は、これらのスマホによるキャッシュレスのお金の決済の仕組みは、日本人技術者たちが先に作った。総称して「お財布《さいふ》ケータイ」と呼ばれた技術だ。前述した「QR《キューアール》コード」という仕組みも、デンソー（トヨタの子会社と言うと、デンソーは怒る）の社員技術者が作った。私たちがバスや電車に乗るときに使う「Suica《スイカ》」や「PASMO《パスモ》」の技術も、日本が先に作った。元々は、ソニーのFeliCa《フェリカ》（非接触型ＩＣと呼ばれた。20年前だ）から始まったのだ。

ところが、日本のバカ官僚たちがバカなものだから、「スイカは2万円までしか入れられない。泥棒されたり悪用されたりしてはいけないから」という、江戸時代のお奉行様《ぶぎょうさま》根性《こんじょう》で、何かしら国民を守ってやるという〝上から目線〟で規制をかけた。その本音のところは、銀行業やカード会社を守りたいという気持ちからやってしまったのだ。

だから金融庁や財務省の、お金管理のバカ官僚たちがやってしまったのだ。そうしたら、この10年で、資金の決済だけでなく、金融機能のあらゆる場面で中国に追い抜かれてしまった。米中IT《アイティ》戦争は、単なる通信技術をめぐる闘いではない。場面はすでに、金融業と金融市場全体の大きな覇権《ヘジエモニー》争いになったのだ。このことに気づかないようでは、ただの知恵遅れ人間で終わる。このバカ官僚たちは、今も何の反省もない。ただ内心でアワアワしているだろう。

それで。日本の保守的な経営者たちは、目下、自分より弱いと思っている韓国の政府や韓国人叩きをバカみたいに行なっている。人を見下して何がそんなに楽しいのか。「韓国人、態度がでけえ」と、人種差別根性で貶《けな》して憂さ晴らしをしている。本当は、自分の劣等感の裏返しなのだ。すっかり惨めになってしまった自分を自覚したくないだけだ。

自己資産（資金）をすっかり減らしてしまって、20年も不況が続くものだから、もう金持ちなどと言えないぐらいまで追い詰められてしまった。外車もヨットもクルーザーも別荘も、ボロクズ値段で全部、手放した。あとは、わずかの駅前商業ビルと、賃貸しアパートからの家賃収入《レント》と、株式を握りしめているだけだ。

中国とロシアは大国で恐ろしいから、悪口を言えない。北朝鮮も核兵器を持っているから怖いので、「金正恩《キムジヨンウン》さん」になってしまった。だから韓国叩きに精を出している。韓国

トランプに泣きつかれて日本（安倍政権）は兵器と農産物を大量に買った

写真　ロイター＝共同

日本の貿易相手国（2018年）

	輸出	金額		輸入	金額
1	中国	15兆8977億円	1	中国	19兆1937億円
2	アメリカ	15兆4702億円	2	アメリカ	9兆0150億円
3	韓国	5兆7926億円	3	オーストラリア	5兆0528億円
4	台湾	4兆6792億円	4	サウジアラビア	3兆7330億円
5	香港	3兆8323億円	5	韓国	3兆5505億円
6	タイ	3兆5625億円	6	アラブ首長国連邦	3兆0463億円
7	シンガポール	2兆5841億円	7	台湾	2兆9975億円
8	ドイツ	2兆3056億円	8	ドイツ	2兆8693億円
9	オーストラリア	1兆8862億円	9	タイ	2兆7707億円
10	ベトナム	1兆8142億円	10	インドネシア	2兆3789億円

出所　財務省貿易統計。億円未満は四捨五入した

なら見下せるからいじめる、というバカなことをやっている。そうしたら韓国の逆襲に遭《あ》って、なんと韓国にも負けそうになっている。そうだと気づかないアホな韓国いじめで、今も舞い上がっている。こういう右翼体質で、アメリカの子分《こぶん》体質がずっと抜けない企業経営者（一応、小金持ち）たちがたくさんいる。私の本の読者には、もうそんな人たちはいないはずだ。ところが、いるんだなあ。

教えておきますが、日本政府（経済産業省と世耕弘成《せこうひろしげ》大臣。クビ）がやった、韓国イジメの中心である「サムスンへのフッ化水素や半導体製造器などの出荷（輸出）停止」は、大失敗した。韓国はドイツのシーメンスから、こっそりとこれらの技術と電子部品を入手した。日本の新聞は怖くて、この事実を書けない。

●日本が買わされたのは、トウモロコシだけではなく大量の兵器

日本は米と中の貿易戦争で板挟《いたばさ》みになって、もう絞《し》め殺されそうである。アメリカのトウモロコシを中国が買わないものだから、「シンゾー、困ってるんだ。買ってくれよ」でトランプに泣きつかれて、買って輸入することを決めた。それが前ページ（P85）の写真

だ。

「米産トウモロコシ爆買い理由は「大ウソ」? 米中貿易摩擦〝尻ぬぐい〟の言いわけか」

「中国が約束を守らないせいで、我々の国にはトウモロコシが余っている。それを、安倍首相が代表する日本がすべて買ってくれることになった」

G7サミット(引用者注。フランスのビアリッツという、スペイン国境近くのリゾート地で開催された)に合わせて、8月25日に開かれた日米首脳会談後の共同会見で、トランプ氏は上機嫌で「商談」の成果を披露した。輸入される飼料用トウモロコシは275万トン程度の見込みとされ、通常の輸入量の約3カ月分。トランプ氏は日本の輸入額について「数億ドル(数百億円)」と述べている。

菅義偉《すがよしひで》官房長官は、8月27日午前の会見で、輸入について「(日本国内でトウモロコシの)供給が不足する可能性がある(ため)」と説明した。日本では、7月から「ツマジロクサヨトウ」というガの幼虫の発生が確認されていて、九州地方を中心に13県で被害が出ている(29日現在)。

ところが、農林水産省は「現状で影響は出ていません」（植物防疫課）と供給不足を否定した。発生が確認された地域では、大量発生を防ぐために防除や早期の刈り取りを促しているが、作物への影響はわずか。「現時点で被害量はまとめていません」（同）という。

（ＡＥＲＡ ｄｏｔ． ２０１９年９月６日）

こんな、トウモロコシ代３００億円という小さな金額ではない。日本はアメリカ（トランプ）から、５兆円（５００億ドル）分の兵器を買わされたのだ。

オスプレイというダンボのお化けのような、輸送機なのか（一応、戦闘ヘリなのだ）分からない欠陥品１００機と、同じく使いものにならないＦ‐35Ｂ戦闘機（ＳＴＯＶＬ《ストーブル》。短距離垂直離着機。準《じゅん》空母用）というコンピュータのお化け１０９機と、地上型イージス（北朝鮮のミサイルを迎撃するため。本当は、在日米軍基地の守り用）２基で、合計５兆円だ。新聞はどこにも、この代金のことは書いていない。国民に知らせない。何という国だ。

第2章　今こそ金《ゴールド》を握りしめなさい

●金《きん》を買う人、売る人が増えている

金《きん》は、9月4日に、NY金市場（鉱物資源の先物《さきもの》市場のCOMEX《コメックス》）の値段で、ついに1オンス（31・1グラム）＝1560ドルをつけた。前のほうで少し書いたが、これが近年の最高値だ。この1560ドルを31・1で割って、それにドル円の為替値段（105円とかの）を掛けると、1グラム＝5266円になる。これが、日本国内の金《きん》の値段である。

日本国内の金《きん》の最高値は、翌日、9月5日の5291円だった。ということは、NYの金《ゴールド》の値段よりも、東京の金《きん》の卸売市場（TOCOM《トコム》という。10月に日本取引所JPX《ジェイピーエックス》グループの完全子会社になった）のほうが、1グラムあたり30円ぐらい高かった。ほぼ同じだ。日本国内で金《きん》を買う力が、強まっている。

田中貴金属などの、大手の金《きん》の小売商（全国各地に、その特約店や代理店がある）の場合は、この5291円（国内の最高値）に、500円ぐらいを足す（消費税10％と手数料）。すると、5791円だ。実際の田中貴金属の売り値は、9月4日に5751円だった。ついに5700円を超した。500グラム以下の金《きん》を買う場合は、さらに手数料の1

金《きん》の世界値段は、じりじりと上がる

NY金(COMEX市場)の価格の推移　直近8年

出所　COMEXの期近《きぢか》値

万5000円（プラス消費税）がかかる。
その反対に、一般庶民は、「今、金《きん》が高いそうよ」と、貴金属の買い取り業者の店（かつての質屋さんとかだ）に押しかけている。家に眠っていた14金のブレスレットや、指輪、アクセサリー、保存していた金歯などを、持ち込んでいる。買い取り値段が1グラム5600円にまで、跳《は》ね上がったようだ。だが、14金とかの古い金製品は、2、3割の値引きになる。

実際に金《きん》を買い取り業者に持ち込んだ（売った）人の話を聞いた。南英雄《みなみひでお》さん（仮名）という。彼は今回、1オンスの金貨（コイン）をお金《かね》に換《か》えた。カナダ王室造幣局が発行するメイプルリーフ金貨である。

「私は、2年ほど前に会社を定年退職しました。退職金の半分は妻に取られました。高年齢者雇用安定法《こようあんていほう》のおかげで、同じ会社に61歳で再雇用されたのですが、正社員のころとは違って、月々の給料からの蓄財は思うに任《まか》せず、自由になる小遣いも多くありません。
現役時代に会社からもらったもので、何か残っていないかと捜《さが》してみたら、ありまし

金《きん》コイン1枚が18万円で売れた

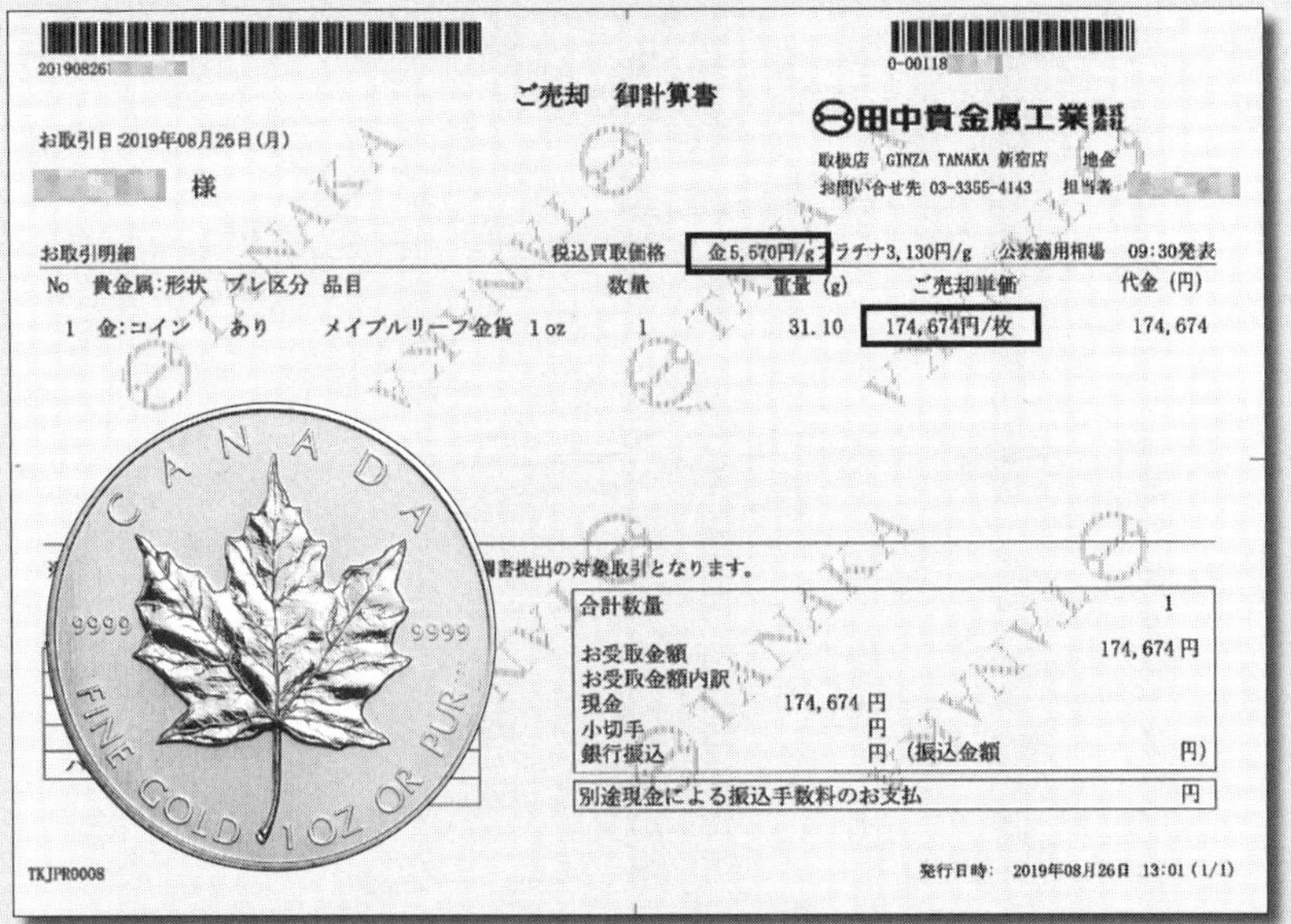

20190826

0-00118

ご売却　御計算書

田中貴金属工業株式会社

お取引日 2019年08月26日（月）

様

取扱店　GINZA TANAKA 新宿店　地金

お問い合せ先 03-3355-4143　担当者

お取引明細　税込買取価格　金5,570円/g プラチナ3,130円/g　公表適用相場　09:30発表

No	貴金属:形状	ブレ区分	品目	数量	重量 (g)	ご売却単価	代金 (円)
1	金:コイン	あり	メイプルリーフ金貨 1oz	1	31.10	174,674円/枚	174,674

調書提出の対象取引となります。

合計数量		1
お受取金額		174,674 円
お受取金額内訳		
現金	174,674 円	
小切手	円	
銀行振込	円	（振込金額　円）
別途現金による振込手数料のお支払		円

TKJPR0008

発行日時:　2019年08月26日　13:01 (1/1)

2019年8月26日に、実際に田中貴金属で1オンス（31.1グラム）のメイプルリーフ金貨を売却した人が受け取った計算書。この日、金の買取価格は1グラム5,570円だった。5,570円×31.1グラムで173,227円になる計算だ。この計算書には「ご売却単価」として174,674円と書かれている。

メイプルリーフ金貨は、売るときも買うときもプレミアム価格が上乗せされている。諸経費だ。その分（この場合は1オンスあたり1,447円）の差額が発生して、これが払われた。

ところが、このプレミアム価格は、2019年10月1日から廃止された。そのうち、「消費税分が、売るときには戻ってくる」（金は消費できないから）も廃止になるだろう。「犯罪防止のため」とか、いいように理由をつけて。

た。引き出しの奥に、永年勤続の褒美《ほうび》としてもらった金貨が突っ込んであった」

それが、ケースに入った1オンスのメイプルリーフ金貨だった。南さんの話を続ける。

「《祝　勤続20年　おつかれさまでした》とケースの内側に書かれていました。そしてケースの中に私の字で、小さな紙にメモが。

『2004年1月　金貨1枚、ドル建て428ドル。円建て1500円』との走り書き。書いた記憶はなかったが、確かに私の字だ。ドル建ては1オンス、円建ては1グラムの値段。

金の価格が上昇していることは、テレビのニュースで知っていた。すぐさまネットで調べて、思わず興奮！　8月26日、円建てで1グラム5570円。前の日から1日で100円、上がっていた。

もう会社には未練がなく、できれば会社時代の痕跡を消したかった。いい機会だ、売ってしまおう。メモをもう一度見てみると、『円建て1500円』。つまり1グラムが1500円だった。だから、**15年の間に3・7倍にもなっていた**。メイプルリーフの1オンス金貨なので、グラム数で約31グラム。

私は金貨を握りしめて、家を飛び出した。田中貴金属の直営店「GINZA TANAKA 新宿店」に着いたのは午前11時。店内は手持ちの金を売りたい客で混みあっており、3時間待ち。

数字が印字されたカードを受け取り、時間潰《つぶ》しに食事に出た。店内の電光掲示板にカード番号が表示されて、自分の順番が分かる仕組みだ。病院のようだった。店内に用意された椅子は20脚ほどだったが、満席。立って待っている客の姿も多く目についた。客は中年男性が7割、それ以上の歳の老人が3割で、男性が大半。女性もいたが、夫婦同伴という感じ。さすがに若年層はいなかった。

質屋にも行ったことのない私は、もちろん金貨を売りに行ったのは初めてだったので、緊張した。

2時間ほどで店に戻ると、あと10人くらいで私の順番だった。椅子が空いたので座る。隣の人は中年の紳士風。スマホをいじっていたのでチラ見すると、株式情報だった。

さて、いよいよ私の番号が表示され、ブースに入る。私が金貨を取り出すと、係《かかり》の男の人は、手慣れた手つきで精密な秤《はかり》の上に金貨を載《の》せた。念には念を入れて、という感じで、丁寧に金貨の重さを量る。

そして『どこでお買いになりましたか』と聞かれた。

自分で買ったものではないので、どこで買ったかと聞かれても。しかし、社名の入ったケースごと持っていったため、すぐに会社からの記念品だと分かってもらえ、会話はそれで終わり。計17万4674円が現金で手渡された。その間、約2分。時間のかかる客は、金貨や地金ではなく、指輪や装飾品を持ち込んでいる。

会社との縁がこれで切れたかと思うと、手にした現金の予想外の多さもあって、実にいい気持ちだった」


P93に、南さんが田中貴金属で受け取った計算書（金をいくらで買い取ったかの明細）を載せた。それを見ると、南さんは金コイン1枚（1オンス）を17万4674円で売った。この日の買取値段は、1グラム5570円だった。すると、5570円×31・1グラム（1オンス）＝で17万3227円になる。計算が合わない。1447円、高く売れたことになる。この差額は何か。実は田中貴金属では、メイプルリーフ金貨（と、ウィーンハーモニー金貨）は、売るときも買うときもプレミアム価格が上乗せされている。きれいな刻印のある金貨にするための加工賃（製造コスト）や、管理費などの諸経費がプレミアム価格として反映されている。

ところが、このプレミアム価格は、この9月いっぱいで廃止された。その理由は「（金の）相場高騰」であるという。田中貴金属は次のように説明している。

「メイプルリーフ金貨、ウィーン金貨ハーモニーの価格改定について（2019年10月実施）」

弊社は2019年10月1日よりメイプルリーフ金貨、ウィーン金貨ハーモニーの価格改定を行います。

日本において初めて金貨を発売して以来、販売時にはその日の相場の金の重量代金にプレミアム（製造コストや輸入にかかる諸経費）を上乗せした価格で販売し、買取時には金貨の表面状態（キズなど）次第で再販売可能な場合は販売時と同様に、金の重量代金にプレミアムを上乗せした価格で買取を行ってまいりました。

しかしながら、近年の相場高騰などの市場環境の変化により、過去に購入された金貨を売却されるお客様が増加している反面、ご購入の際には新しい金貨をご指定になるお客様が多くいらっしゃいます。

このため再販売を前提とした買取時のプレミアムを維持することが難しくなり、買取プレミアムを廃止することを決定しました。

同時に販売時に上乗せするプレミアムは引き下げを行い、2019年10月1日より発行元の造幣局から直接輸入した新品の金貨のみを販売いたします。

（傍点は引用者）


これまでは、客が売却した金《きん》コインを新品同様に仕立てて、また販売していた。しかしこの説明にもあるように、金の値段が上がったので、前に買って持っていたコインを売りたい人と、新品のコインを買いたい人の両方が増えた。だから需給が追いつかない。これからは、買い取った古い金コインはすべて溶かして、純度99・99（フォーナイン）の金地金に精錬し直すようである。

●あと2年で金《きん》1オンス＝2000ドルに

「金価格は史上最高値更新も――今後2年で2000ドル突破とシティが予想」

金価格が、今後2年で1オンス＝2000ドルを突破し、史上最高値を更新するとの予想をシティグループが示した。

「金スポット価格がより長期に、より強含《つよぶく》んで推移し、恐らく2000ドルを超え、今後1年もしくは2年のいずれかの時点で、シクリカル（引用者注。景気はサイクルで動く）な高値に達すると見込んでいる」と、アーカシュ・ドシ氏らシティグループのアナリストがレポートを発表した。**2011年（8月と9月）に付けた1921・17ドルが現在の最高値となっている**（引用者注。この日の終値《おわりね》。瞬間の最高値は1931ドルである）。

レポートは、「低水準の名目・実質金利がさらに低下し、もしくはこうした状況が長期化する可能性がある。貿易を巡る米中間の緊張が高まっている。世界的なリセッション（景気後退。不況突入）リスクと、地政学的不和が組み合わさり、強気の金《きん》市場環境を強めている」と分析した。「米金利リサーチの同僚が言うように、われわれは米連邦準備制度が最終的に金利をゼロまで下げると考えている」と説明した。

（ブルームバーグ　2019年9月10日　太字は引用者）

この記事で、シティバンクのアナリストが金1オンスは2000ドルを超えると予想した。私もこの考えに賛成である。

それは、再来年《さ》の2021年に起きるだろう。私の考えでは、来年（2020年）11月の米大統領選挙で、トランプがなんとか再選される。それまでは、無理に無理を重ねて、アメリカの株価の吊り上げをやる。選挙の投票日（11月）前に株が暴落すると、アメリカ国民がトランプに嫌気がして、選挙に行かない可能性がある。

なんとか再選されて、トランプは2期目を迎える。そして、次の2021年の1月か2月に株価は暴落するだろう。このとき、金《きん》が跳ね上がる。トランプにしてみれば、「オレが次の2期目の4年をやると決まった。だから、もう株価の吊り上げなんか無理してやる必要はない。巨額の政府の財政赤字を少しでも、なんとかしなければいけない」と考える。

だから株価が暴落しても、もうあまり気にしない。それに反比例して、〝実物資産《じつぶつ》（タ

中国がイギリスと組んで金の世界価格決定権を握る

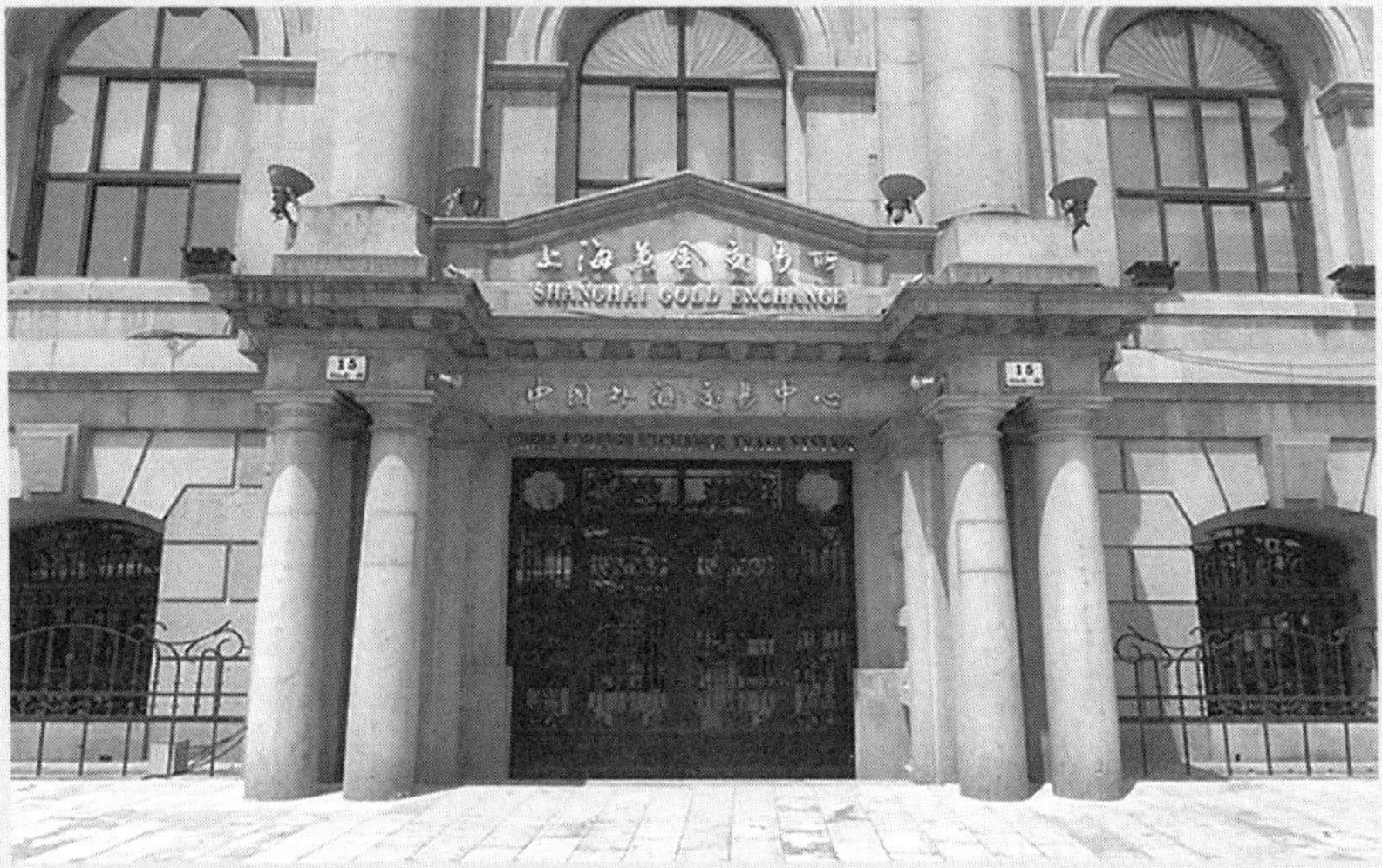

上海黄金交易所の威容　白银投资网のウェブサイトから http://www.778.com.cn/

中国工商銀行の刻印がある金地金

中国で金を売る私

中国の4大銀行の一角である中国工商《こうしよう》銀行（ICBC）が金の販売に力を入れている。宝飾品の専門店では「周大福」（チョウタイフック）や「周生生」（チョウサンサン）が有名である。

ンジブル・アセット tangible asset）の王者〟である金《きん》が上がる。アメリカのドルは信用をなくす。世界中の人々がドル紙幣《ノート》の力を信じなくなる。ドルのお札を、あまりにも刷りすぎて世界中に垂《た》れ流した。だからドルの暴落も起きる（ドル安）。アメリカの債券《ボンド》、その中心の米国債も暴落する。

ということは、債券《ボンド》の利回りイールド（金利と同じ）は、どんどん上がってゆく。今は10年ものの米国債の利回りは、年率1・6％ぐらいである。これが2％を超えて、3、4％へと上昇してゆく。それに連れて世の中のいろいろな金利が跳ね上がってゆく。これがインフレを生み出す。

だから金《きん》の値段も上がるのである。大きくは、〝金《きん》とドルの闘い〟である。米ドルは歴史的役割を終えて、さらに下落してゆく。ということは、前のほうで述べたが、ドル円相場では1ドル＝100円を割って、80円、60円、40円と落ちてゆく。

金《きん》の実際の値段はどうなるのか。今のところは、NYの金属と鉱物、エネルギーの先物市場（フューチャー・マーケット）であるCOMEX《コメックス》（NYMEX《ナイメックス》の一部。全体はCME《シーエムイー》の傘下）で値決め（フィキシング）されている。金1オンスが2000ドルになっても、1グラム＝5144円にしかならない（1ドル＝80円で計算）。これでは今の金《きん》の値段と

金《きん》価格（1グラム）、1万円の時代が来る

1オンス＝31.1グラム	1529.4ドル（2019/8/30）	
今、1529.4÷31.1 ＝49.17 1g＝49.17ドル	49.17ドル×106円 ＝5,212円	小売り（田中貴金属）は、 5,212＋（税と手数料） 5,655円（2019/8/30）
5月末は1,300ドルだったが、230ドル（24, 000円）上がった。		
2019年末に向け、1オンスは1,700ドル台まで行くだろう。 ドル円の為替は、100円ちょっとぐらいまで、円高＝ドル安で動くだろう。		
1,700ドルで÷31.1 ＝54.67ドル／g	54.67×106＝5,800円	小売り 6,380円
2011年9月に史上最高値の1,923ドルがあった。2,000ドルまで行くと、		
2,000ドルで÷31.1 ＝64.31ドル／g	64.31×106＝6,800円	小売り 7,480円
1グラム＝1万円までは、もう少し先だ。だが、そういう時代が必ず来る！		

まったく同じだ。このことへの対策を、私はこれから本気で考えなければいけない。この本ではそれは間に合わなかった。

●世界金価格を決めるのは上海とロンドン

どうやらアメリカの貴金属の先物市場は、あと3年ぐらいでぶっ壊れてしまいそうだ。総帥《そうすい》であるCME（シカゴ・マーカンタイル取引所《エクスチェインジ》）の名誉会長レオ・メラメッド（87歳）は、米ドルと同じく、歴史的な役割を終えて整理されてゆく。それよりは、中国の

上海黄金交易所（ＳＧＥ《エスジーイー》　Shanghai Gold Exchange ）と、ロンドンのＬＢＭＡ《エルビーエムエイ》（ロンドン貴金属市場協会　London Bullion Market Association ）が連携して、現物《げんぶつ》市場（スポット・マーケット）で世界の金の値段を決めてゆく。上海黄金交易所が、ロンドン貴金属市場協会の株式も一部を握ったようである。

中国がイギリスと組んで世界の金価格の決定権を握る。現在シカゴやＮＹの先物市場で行なわれている違法操作《マニユピレイシヨン》が壊されて、世界金《きん》価格は、正常に需給を反映した値段になる。このことを私は、２０１５年の本『中国、アラブ、欧州が手を結び　ユーラシアの時代が勃興する』（ビジネス社刊）ですでに書いた。

「世界の金市場で「大躍進」する中国」

中国は、ロンドン金市場に登場した9月29日からわずか半年間で、世界の金市場における「大躍進」を成し遂げた。ロンドンでは、約１００年前から金の値決め《フィキシング》が行われている。

金の値を決めているのは、ロンドン銀行間金市場《インターバンク・ゴールド・マーケット》を形成している５つの銀行だ。中国は、この「ゴールデン・ファイブ」による統治への依存を克服しようとし、

産《さん》金《きん》会社（金《きん》鉱山）生産量の世界トップ9社（2018年）

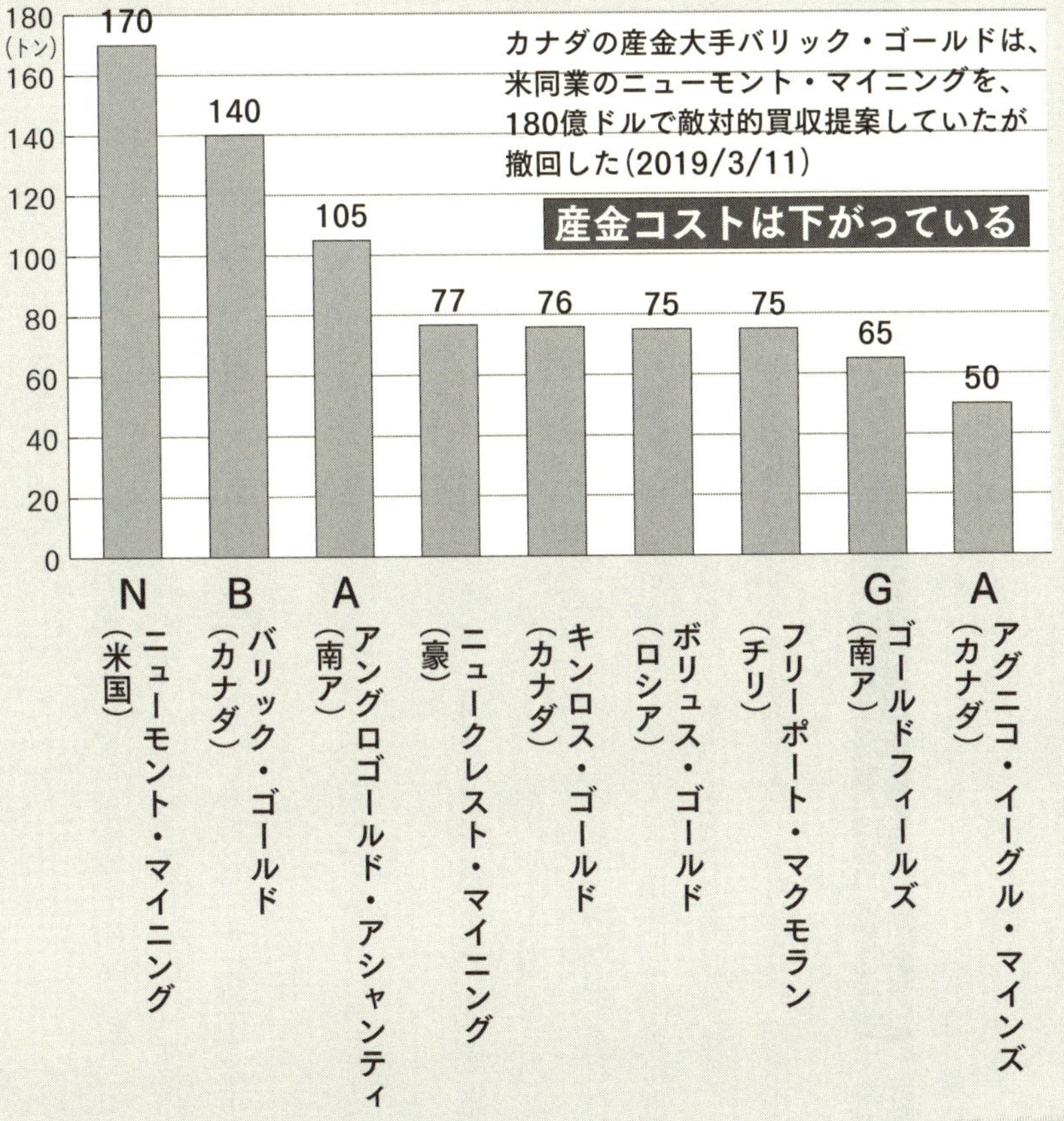

産金量世界1位の米ニューモント・マイニングは2019年1月14日に、5位のカナダのゴールドコープを100億ドル（約1兆円）で買収した。統合後はカナダのバリック・ゴールドを抜き世界最大手となった。

（グラフのアルファベットは、株が値上がりしている「ＢＡＡＮＧ」の５社。各社発表から副島隆彦が作成した）

中国は独自の「金《きん》市場における中国の値」を決める手段を開発した。中国は、金《きん》の国際契約を国内市場と結びつけた。相場アナリストのセルゲイ・ヘスタノフ氏は、「これは、ロンドンの金《きん》取引所で設定された古いゲームのルールに対する中国の最初の挑戦だった」と語った。

（「ロシアの声」　2015年2月26日）

記事にある「ゴールデン・ファイブ」とは、HSBC、バークレイズ銀行、ドイツ銀行、ソシエテ・ジェネラル、スコシア・モカッタの「値決め5大銀行」のことだ。今はここにゴールドマン・サックスが加わって、「ゴールデン・シックス」と呼ばれるようになった。その値決めの場に、中国の4大銀行が加わることで、中国は、金《きん》の世界価格決定力を握るつもりなのである。金の地金《じがね》取引量では、すでに中国が世界の6割ぐらいを占めている。この動きは、3年前の2016年から本格化した。もう1本、記事を載せる。

「「上海金」値決め取引が開始、ロンドン・ニューヨークと並ぶ三強の一角に」

上海黄金取引所が4月19日、金の値決め（フィキシング）取引を開始した。「上海金」（上海ゴールド・ベンチマーク・プライス）の初日の基準価格は、１グラムあたり２５６・92元（引用者注。当時の為替レートで４３６０円）。人民元《レンミンビ》建ての金値決めは世界で初めて。金の生産・消費大国として、中国が自らの価格決定権を持つようになり、人民元グローバル化の推進につれ、世界の金《きん》取引市場は上海、ロンドン、ニューヨークの三強が鼎立《ていりつ》する局面が形成される、とアナリストは指摘する。

上海金取引所の規定によると、「上海金」値決め取引は、毎営業日の前場と後場に行われ、それぞれ10時15分、14時15分から開始。その前に５分間の参考価格申告タイムと１分間の開始価格表示タイムが設けられる。「上海金」の値決め取引コードは「ＳＨＡＵ」で、当面は取引保証金が６％。なお、上海黄金交易所ＳＧＥ《エスジーイー》は、２０１６年４月９日から６月30日まで「上海金」の取引手数料を免除する。

（チャイナネット　２０１６年４月20日）

このときからたったの３年で、世界の金市場での中国の力は、圧倒的になった。

中国が年間にどれくらい世界中から金を買っているか、を報じる記事は、なぜかまったく出ない。おそらく年間、６００トンぐらいずつ買っているようだ。次の新華社（中国の国営通信社）の記事に、「中国の、国内の金の生産量は401トン（2018年）」とある。

「中国の黄金消費5・73％増6年連続世界トップ」

中国黄金協会が、1月31日に発表したデータによると、2018年、中国の実質金《きん》消費量は前年比5・73％増の1151・43トンで、6年連続で世界首位を維持している。

中国黄金協会の宋鑫《ソンジン》会長は、1月31日の記者会見で、「国内の金《きん》消費市場は持ち直し続け、アクセサリー、金地金、工業とその他の金使用は着実に伸び、金貨販売はわずかに減少した」と述べた。

統計では、2018年、中国の金製アクセサリー消費は同5・71％増の736・29トン、金地金は同3・19％増の285・2トン、金貨は同7・69％減の24トン、工業とその他は同17・48％増の105・94トンだった。

生産側で見ると、金業界の成長モデル転換や産業構造最適化に伴い、自然保護区にある一部鉱山が秩序だって撤退し、国内の金《きん》生産量はこの数年、いくらか減少してい

奇妙な団体であるＷ　Ｇ　Ｃ《ワールド・ゴールド・カウンシル》が発表し続ける世界各国政府のウソの金《きん》の保有量。恥を知れ

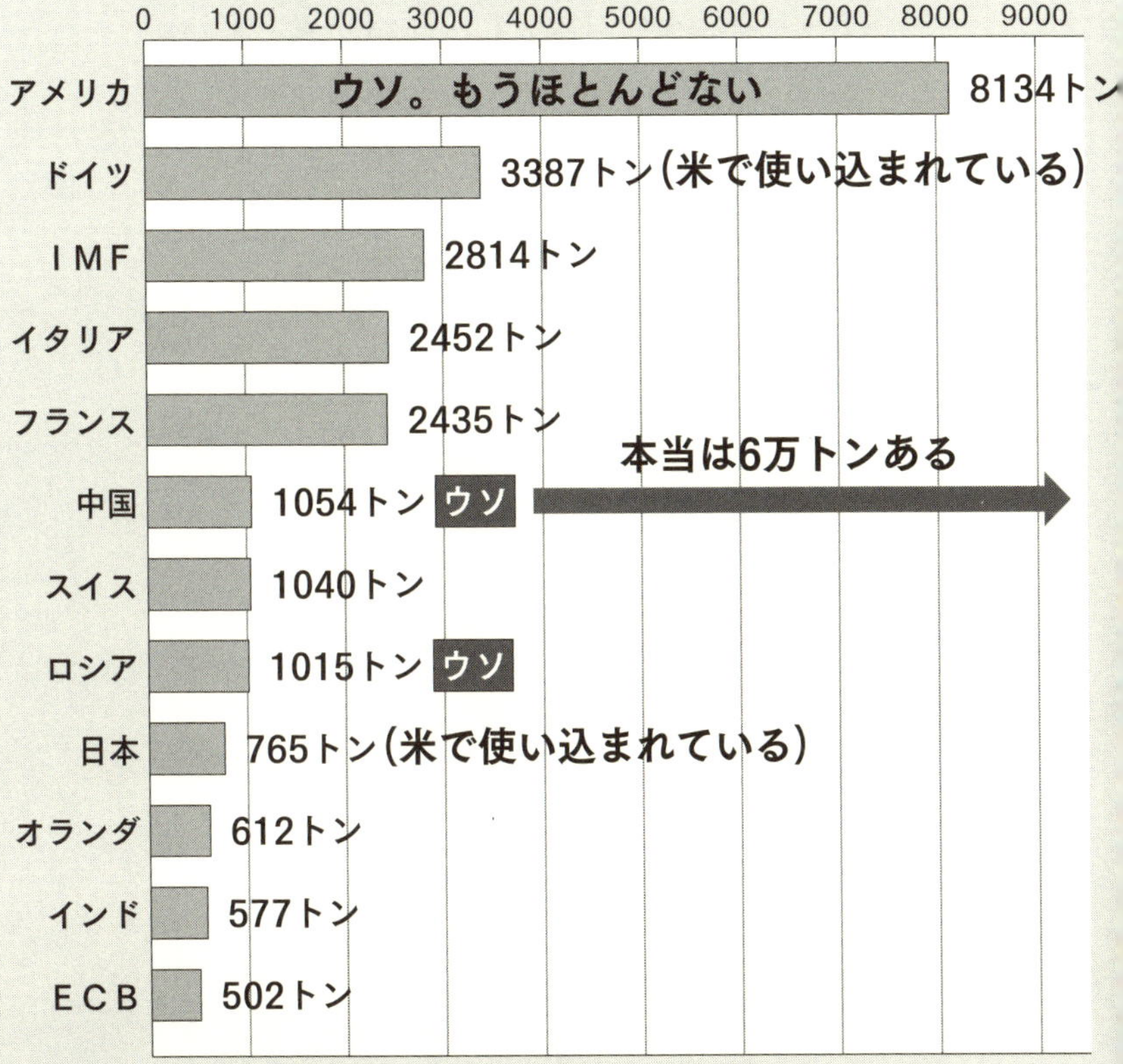

　拙著、2014年4月刊『金融市場を操られる　絶望国家・日本』（徳間書店）P201に載せたグラフを再掲。ＷＧＣは、今年の6月末に、従来どおりの各国政府の金保有量を発表した。この最新報告では、中国が1926トン、ロシアが2206トンと、慌てて修正している。しかし、他の国の数字はほとんど何も変わっていない。

る。

２０１８年、国内の金生産量は同5・87％減の４０１・１１９トンだったが、依然として世界1位にある。うち、金鉱の金産出量は３４５・９７３トン、非鉄金属原料の金産出量は55・１４６トンだった。

２０１８年、中国金《きん》業界は「走出去《ゾウチユチイ》」（海外進出）を加速している。統計では、重点黄金企業グループの海外鉱の金産出量は23・４トンだった。黄金企業の海外展開はすでに新たな傾向となっている。

（新華社　２０１９年2月1日）

このように、中国の金の購買力（消費量）は、ものすごいものだ。金は世界中で年間に２０００トンぐらい生産されている。そのうちの半分ぐらいが、今では上海黄金交易所で直接、取引されている。かつては香港の金《きん》取引所を通して中国本土に持ち込まれていたが、今はロンドン金市場（前掲のＬＢＭＡ）から直接、上海市場に輸出されている。

●ウソの統計数字に騙《だま》されてはいけない

世界で最大手の産金会社《さんきん》（金鉱山）の生産量を、Ｐ105に載せた。このうちのトップ３社の産金量（年間）は、４１０・５トンである。中国の全生産量とほとんど同じだ。ということは、例のＷＧＣ（ワールド・ゴールド・カウンシル）という、奇妙な団体が公表している「世界各国の政府の金保有量」（Ｐ109のグラフ）は、ものすごくおかしい、ということがはっきりした。私は、このＷＧＣの数字をずっと強く疑ってきた。「中国政府の金の保有量が、たったの１９２６トン」（２０１９年６月末にＷＧＣが発表した）などと誰が信じられるか。日本の商品先物市場の、れっきとした金融アナリストたちまでが、このバカ表《グラフ》を、今も後生大事《ごしょうだいじ》に使って拝《おが》んでいる。私はポカンと口を開けて彼らの話を聞いている。

アメリカ政府が保有しているはずの８１００トンは、もうほとんどない。貿易決済（政府の信用保証がある）の帳尻《ちょうじり》合わせで、すべて使ってしまった。ドイツ政府が預けている（敗戦直後に取り上げられた）３３６６トンのうちの１３００トンも、もうアメリカは使い込んでいるらしい。ドイツ政府が、いくら「検査官《インスペクター》を派遣するから、我が国の金《きん》を見せてほしい」と要求しても、アメリカ側は無返答である。

ということは、日本政府（日銀）がアメリカに「預けている」765トンの金（4兆円だ）も、おそらく使い込まれている。「そのうち返すから」と、アメリカ政府（NY連銀《れんぎん》）は返答するのだろう。日銀本店の地下の金庫はカラッポだ。

金について統計数字を公表しているWGC（ワールド・ゴールド・カウンシル）というのは、国際機関なのか？　業界団体なのか？　調べても分からない。優れた金融アナリストである豊島逸夫《としまいつお》氏も、この「WGCの日本代表」を務《つと》めていた。氏に直接、聞いてみなければいけない。

中国やロシアは、WGCを小馬鹿《こばか》にして、この20年間、国家統計の数字を届け出ていない。WGCに、いったい何の権威と信用があるのか。そろそろ、化けの皮が剝《は》がれるべきである。

次の記事は、前述した世界の産金会社（金鉱山）大手の株価が値上がりしたことについて書いている。

「金、世界で最高値　安全志向強まりドルと同時高」

数年ぶりとなる金の値上がりは、リスク資産である株式市場にも影響を及ぼしている。バリック・ゴールドやアングロゴールド・アシャンティ、アグニコ・イーグル・マインズなど、米市場に上場している金採掘会社（金鉱山会社）は、頭文字をとり「ＦＡＡＮＧ《ファーング》」（引用者注。ＧＡＦＡ《ガーファ》の旧名）ならぬ「ＢＡＡＮＧ（バーング）」と呼ばれる（引用者注。Ｐ105のグラフ参照）。

これらＢＡＡＮＧ株の昨年末から８月末までの上昇率は、４〜８割に達した。ダウ工業株30種平均（ＮＹダウ）の同期間の上昇率（13％）を、大きく上回った。（中略）

金価格もそろって上がった。金の現物価格と並び、世界の指標（インデックス）となるニューヨーク市場の先物価格は、２０１０年初は、１トロイオンス１１００ドル台だった。このあと１年半で３割上昇し、２０１１年８月には、最高値の１９００ドル台を記録した。

金価格は当面、上昇基調が続きそうだ。ニューヨーク先物は、９月に入り（引用者注。９月４日）、６年５カ月ぶりの高値である１５６０ドルをつけた。次の心理的な節目は1600ドルだ。

（日本経済新聞　2019年9月7日）

ほら見てごらん。こういうことだよ。

●中国とロシアは、米国債を売って金《きん》を買った

中国が、米国債を売り始めた。その分《ぶん》で金を買っている。ロシアは去年、ほとんどすべての米国債を市場で売り払った。そして同じく金《きん》に換えた（後述する）。中国が売ったその米国債を、日本が裏金《うらがね》でまたしても買わされている。しかし、この極秘の「日本による米国債買い。100年もの米国債」は、これまで一度も公表されたことはない。私しか主張しない。さあ、5年後にどっちが勝つか、だ。

「中国が米国債を売却　3月、2年ぶり少なさに」

米財務省によると、中国の3月の米国債保有額は、1兆1205億ドル（約120

兆円）と2017年3月以来、2年ぶりの少なさになった。市場では、米国の関税《タリフ》引き上げの報復で、中国が今後米国債の売却を増やすのでは、との思惑がある。中国は米国債の最大の保有者であり、仮に売りを強めれば、米金利が上昇し、景気に強い逆風となる。

米財務省が5月15日に公表した米国債の保有状況で明らかになった。中国は3月に米国債を204億ドル売り越しており、この額も16年10月以来、約2年半ぶりの大きさだ。5月の米中貿易摩擦の激化は反映されていないものの、すでに米国債の保有を減らす傾向が強まっている。（略）

中国が実際に米国債の圧縮（引用者注。売却のこと）を強めれば米中関係は泥沼化する。米中双方の景気に打撃となる。市場では非常にリスクの高い交渉カードとして、「核兵器」にたとえる声もある。

（日本経済新聞　2019年5月16日　傍点は引用者）

このように、中国はアメリカとの貿易戦争に対して、「それではNYの金融市場（債券《ボンド》・市場《マーケット》）で、保有する米国債を売りますよ（そうなったら米国債は暴落して、アメリカは財政崩壊しますよ)」という、強力なカードを切るふりをしてみせる。これには、アメリカ財務省とトランプがゾッとする。だが、アメリカは「やれるものならやってみろ」と、強気の態度に出る。貿易戦争(実体、実物経済)は、金融戦争に一気に姿を変えるのだ。だから、この「米国債売却は、核兵器だ」と言われているのだ。そして貿易(実体経済)と金融の間《あいだ》、中間に金《きん》(世界通貨体制《ワールド・カレンシー・オーダー》)が存在するのである。

中国は金を6万トンぐらい持っている。ロシアも米国債を売り払って金を買った。その保有高は約1万2000トン(54兆円)である。

ロシア政府は去年の2018年5月から7月に、手持ちの米国債810億ドル(7・5兆円)をNYの市場で売った。8月には、さらに残りの480億ドル(5・3兆円)を売り払った。そのお金を、すべて金《きん》に換えた。このとき、金《きん》が暴落した。

「ロシアの金保有量、5年ぶり最大に」

ロシア中央銀行が公表したデータによると、4月1日時点のロシアの金(ゴールド)・外貨準備が4878億ドル(約54兆円)になった。

これは2014年4月以来5年ぶり最高値。2014年4月の金・外貨準備高は4860億ドル、同年3月には4933億ドルだった。
5年間で金・外貨準備において金が占める割合は8・9%～18・5%と倍増した。
（スプートニク日本　2019年4月9日）

この記事からも分かるとおり、2019年4月1日現在で、ロシアの金《きん》外貨準備（ゴールド）とフォーリン・マネー（諸外国通貨）は4878億ドル（54兆円）である。金1グラム＝4600円で計算すると、54兆円は1万1739トン、すなわち約1万2000トンだ。ロシアの外貨準備（フォーリン・リザーブ）のほとんどは金《きん》である。

このように、中国とロシアは、アメリカが支配する現在の「金《きん》・ドル体制」（公式には、「世銀《ワールドバンク》・IMF《アイエムエフ》体制」あるいは「1944年からのブレトンウッズ体制」と言う）から離脱しつつある。「金・ドル体制」は、もう保《も》たなくなりつつある。だから、私、副島隆彦が今のアメリカによる世界一極支配体制（米ドル・基軸通貨体制）は早晩、崩れ果てる、と書き続けたのだ。それはズバリ、2024年（あと5年）であろう。

●最後の買い場がやってきた

P104で前述したが、上海黄金交易所SGE《エスジーイー》が、ロンドンLBMA《エルビーエムエイ》（かつての「ロスチャイルド家の黄金の間《ま》」だ）と組んで、現物《げんぶつ》市場で金《きん》を買っている。ロンドンには、もう一つ老舗のLME（ロンドン金属取引所）があったが、香港取引所が買収している。現在は、まだシカゴのCME（シカゴ・マーカンタイル取引所）が、先物《さきもの》市場での金《きん》の価格の値段の決定、価格の支配権を握っている。

それを、イギリスと組んだ中国が、現物市場から巻き返して、NYのNYMEX（ナイメックス）とCOMEX（コメックス）から奪い取るつもりだ。ナイメックスとコメックスの両方ともシカゴのCMEが資本を握っている。大阪の先物取引所（今は「大阪取引所」と名称を変えた）もCMEが握っている。

あと一度か二度、米ゴールドマン・サックスとFRBが、スパイダー・ゴールド・シェア（金の先物をETF化させた、株もどきの投機手段《スペキユレーター》）を使って、それこそレバレッジを300倍ぐらい掛けて、〝金殺し〟をやるだろう。これを〝裸《はだか》のカラ売り〟（ネイキッド・ショート・セリング）と言う。ふざけたことに、金の現物《げんぶつ》も差し出さず、証拠金《しょうこきん》も払わないで、こういう空売《カラ》りをやる。もう一度、１４５０ドルぐらいまで金価格を暴落させるだろう。

だが、それで終わりだ。もうこれ以上の人工的な、作為的な〝金殺し〟は、できない。だから、次の買い場は、そのときだ。これまで副島隆彦の書くことを疑って、「ホントかなあ〜」と、金を買わないで、ずっと株や為替（ＦＸ《エフエックス》）や債券での投資（投機）をしてきた人たちも、**今度こそ、金の最後の買い場だ。もう、あとはないですよ。**

10月14日現在で、金の高値は、１オンス（31・１グラム）１５６０ドルまで来た（9月4日）。５月28日の１２７６ドルから、急激な上げ相場に転じていた。これが、来年の２０２０年中には、１オンス１７００ドル台になるだろう。

日本国内価格（卸《おろ》しの値段）では、１グラム５２００円ぐらいにまで跳ね上がった。小売り（田中貴金属など）では、５００円増し（消費税と手数料）だから、５７００円にまでなった。

このあと、中国とイギリスが組んで、アメリカの世界金融支配を突き崩してゆく。ドルの紙切れ化（１ドル＝１００円割れ、80円、60円、40円になるだろう）への道を突き進んでゆく。私、副島隆彦は何度でも書く。

私、副島隆彦が、この20年間かけて主張し続け、切り開いてきた、この大きな「世界金融、経済体制の動揺から、次の世界体制への道標《どうひょう》（みちしるべ）」を、誰も壊すことはできない。日本の金融の専門家、評論家たちも、私の金融・経済の近未来《きん》予測を無視して、自分の頭（思考）を作ることは、そろそろできないはずだ。まあ、好きなように言っていなさい。

第3章　米中貿易戦争の真実

●米と中の冷戦《コールド・ウォー》はどのように進行したか

この章では、米と中の貿易、IT《アイティ》戦争を描く。その一番大きな山場は、6月から8月であった。この経済戦争は、戦火と爆撃を伴わない米と中の冷戦《コールド・ウォー》であったが、世界《ワールド・》覇権《ヘジエモニー》の奪い合いを本質とする、かなり激しい戦い《ストラグル》（闘争《ストライフ》）である。この戦いは今後も続く。ずっと続くが、おそらくあと5年（2024年）で決着がつく、と私は冷酷に予測、予言する。

この米中の貿易、ITハイテク戦争の山場《ハイライト》がどのように進行したか、をこの章で活写してゆく。

今年の6月末まで、米中の貿易戦争が大きく騒がれた。その後も貿易戦争（トレイド・ウォー）は終了したわけではない。ずるずるとIT《アイティ》、半導体、5G（ファイブ・ジー）、スマホをめぐる戦争となって、米中で激しいせめぎ合いは続く。そして8月に入って再燃した。これを私は、この戦いの第4ラウンドと判定した。9月中旬の閣僚級の交渉は何も決まらなかった。中国がITU《アイティユー》（国際電気通信連合）という国際機関に提訴する、と宣言したものだから、さしものアメリカも黙った。

アメリカは、超《ちょう》大国（＝世界覇権国《ヘジエモニック・ステイト》）であるから、あらゆる種類の国際機関を嫌う。小馬鹿《こばか》にしている。とくに×国際連合（The《ザ》 UN《ユーエヌ》、連合諸国《ユナイテッド・ネイションズ》。×国連は意図的な誤訳）を嫌っている。とくにアメリカの保守（金持ち）の勢力である共和党《リパブリカン》は、連合諸国《ザ・ユーエヌ》を毛嫌いする。自分たちは超大国《スーパーパウア》であるから、自分たちを頭から抑える国際機関の言うことなど聞きたくない。ところが、そういう訳《わけ》にはゆかなくなった。いくらトランプでもITU《アイティユー》（国際電気通信連合）の紛争裁定力《ふんそうさいていりょく》を否定できない。ITUは×国連よりも古くからあって、権威《オーソリティ》があるからだ。今年の年末になっても、この戦いの決着は見えない。米中の貿易戦争は泥沼に嵌《はま》ってしまった。

戦いは去年（2018年）の3月から始まった。トランプ大統領が、「このまま中国との不公正な貿易《アンフェア・トレイド》を続けていたら、米国の国家安全保障《ナシヨナル・セキユリテイ》に重大な疑念が生じる」と言い出したときからだ。これが第1ラウンドの開始だった。貿易戦争はトランプが始めたのだ。アメリカが先に手を出した。トランプは、「私は交渉ごとには強いんだ。中国との貿易戦争も私が勝つ」と、トゥイッターで豪語して、きわめて楽観的な見方をしていた。ところが時間が経《た》つにつれて形勢が判明した。中国がものすごく強かった。これでトランプ政権はたじたじになった。

私は、米中の貿易戦争、就中《なかんずく》ファーウェイ（Huawei　華為《かい》技術）と、次世代通信網の5G（ファイブ・ジー）の先端技術競争の問題を、昨年12月から熱中して追いかけた。昨年12月1日が、第2ラウンドの始まりだった。いろいろ勉強して分かったことがたくさんある。私は、Huaweiはファーウェイでなく、ホア［華］ウェイ［為］と、中国人は発声すると思うが、一般のファーウェイの表記に従う。

米中貿易戦争、その天王山《てんのうざん》（決戦）となったファーウェイ問題では、アメリカ、すなわちトランプ大統領の負けだった。中国の勝ちだ。これが第3ラウンドだった。6月29日の、大阪G20サミットの際の、「トランプ・習近平《しゅうきんぺい》会談」で、貿易戦争の停戦（シース・ファイア　cease fire）「一時、休戦」ということになった。実は、この第3ラウンドで、トランプが大きく譲歩して負けたのだ。トランプは、相手がまったく折れないので困り果てて足掻《あが》いた。中国の強さを実感した。トランプはジリジリと退却をした。

「我々は山頂に登りつめる」ファーウェイ（華為技術）社の任《じん》正《せい》非《ひ》CEOが日本メディア陣の取材に答えた（2019年5月18日）

写真　朝日新聞社（上2点）

任正非は深圳市にあるファーウェイの本社で、日本のメディア陣の取材に応じた。取材場所の部屋は、目黒雅叙園のカフェが見本。任CEOの妻が「雅叙園のように作って」と、要請したものだという。ファーウェイ本社には、この他にも京都の町家を再現した場所（上）がある。

任正非の娘で、ファーウェイの最高財務責任者（CFO）兼副会長の孟晩舟《もうばんしゅう》が2018年12月1日に、カナダのヴァンクーバーで逮捕された。

（事件の構図）

毎日新聞　2018年12月12日付を参考に作成

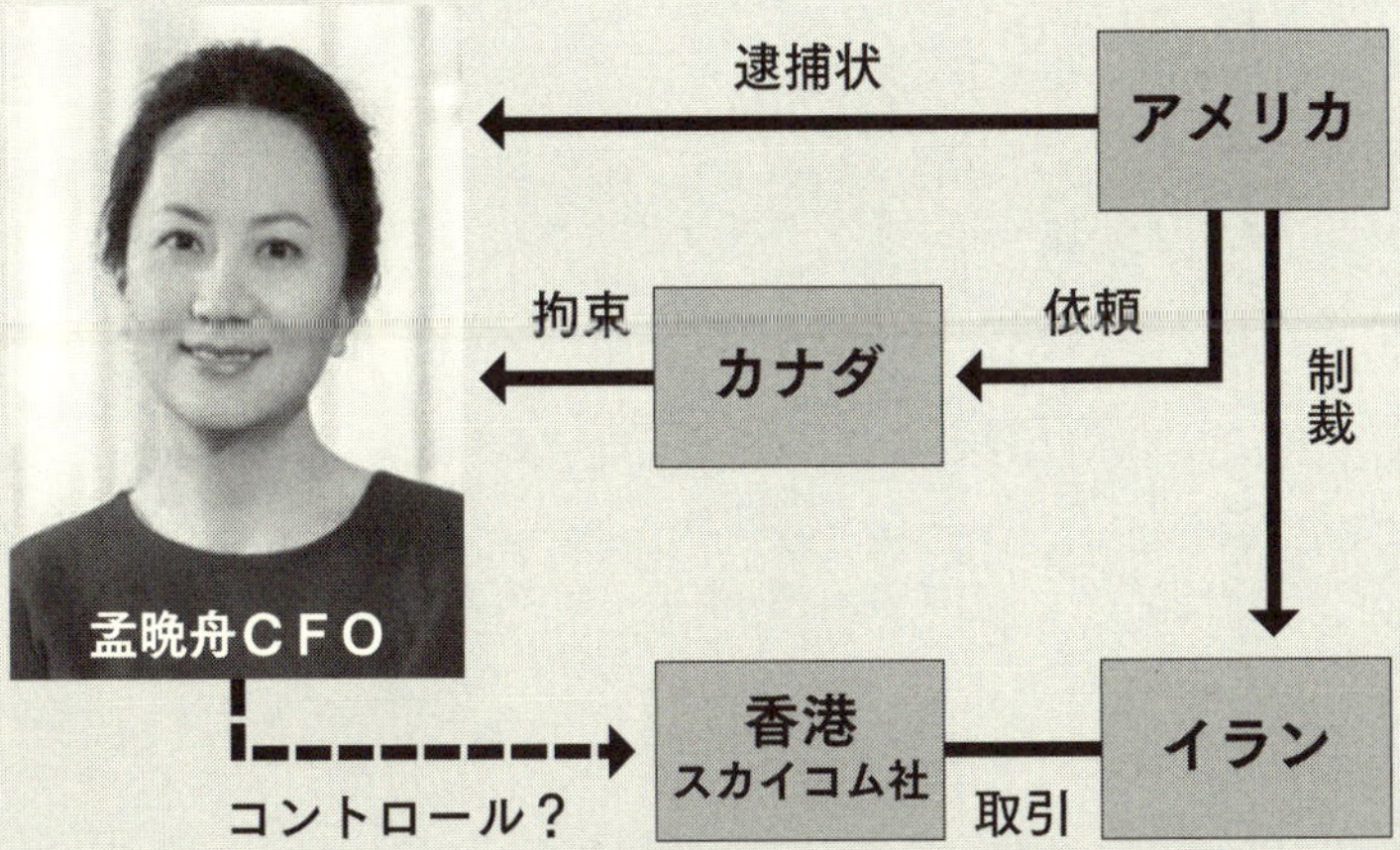

●ファーウェイ副社長の逮捕と、中国人物理学者の死

１年半前の２０１８年３月に、トランプが中国と貿易戦争（鉄鋼やアルミ製品の規制）を始めた。このときはトランプの猛攻で、中国はボロ負けに負けた。緒戦《しょせん》（戦いの始まり）での第１ラウンドは、トランプの圧勝だった。ＺＴＥ《ゼットティイー》（中興通訊《ちゅうこうつうじん》）問題で、中国は全面的に謝罪した。ＺＴＥ社によるアメリカの知財《ちざい》の窃用《せつよう》を認めた。ＺＴＥはアメリカのクアルコム社やＡＭＤ《アムダ》社のスマホ用半導体《セミコンダクター》とＤＲＡＭ《ディーラム》（ダイナミック・ランダム・アクセス・メモリ）の入手供給を切断されて、生産ラインが止まった。中国は屈服した。

ところが、２０１８年の12月１日から情勢が一気に変わった。ファーウェイ創業者、任《じん》正非《せいひ》の長女の孟晩舟《もうばんしゅう》が逮捕された。カナダのヴァンクーバーで、カナダ政府（カナダの王立騎馬警察《ロイヤルマウンテッドポリス》。国境管理と政治警察）が、アメリカ政府から依頼（本当は命令）されて、逮捕したときからだ。なんと、カナダ国で、アメリカの法律違反を罪状（容疑）にして、彼女は拘束されたのだ。カナダも日本と同じで、アメリカの忠実な属国なのである。

同日の12月１日は、アルゼンチンのブエノスアイレスで、Ｇ20があった。ここでトランプと習近平が会談して、中国が大きく譲歩して、貿易戦争の手打ちをしたのだ。ここで習

近平は、トランプに大幅譲歩して、アメリカ製品（旅客機や農産物）の大量購入（240 0億ドル、26兆円）を再度、大きく約束した。

ところが、トランプは孟晩舟の逮捕を、トップ会談のときに知らなかった。習近平も会談のあとに知って、苦虫《にがむし》を嚙《か》みつぶした表情をした、と伝えられた。この12月1日の、「ファーウェイ副社長（CFO、最高財務責任者）逮捕」が世界にニューズ・メディアで公表されたのは4日後の12月5日である。この日から、激動が起きた。中国は厳しく身構えた。孟晩舟逮捕を断行したのは、ペンス副大統領を頭《ヘッド》にする軍産複合体《ぐんさんふくごうたい》（対《たい》中国強硬派。アメリカの保守の主流派）である。

同じ12月1日に、もうひとつ事件があった。アメリカの名門スタンフォード大学の、物理学教授の張首晟《ちょうしゅせい》（55歳）が大学で飛び降り自殺した。張首晟は、ノーベル物理学賞の有力な候補で、「量子《りょうし》スピンホール効果」という理論を研究している学者だ。ハイテクI《アイ》T《ティ》戦争の、次の段階は、量子コンピュータの開発が勝負を決する、と言われている。それは5Gの次の6G《シックスジー》の、さらに次の7G《セブンジー》での競争であるらしい。

張首晟《ちょうしゅせい》は、アメリカ中の大学で先端《ハイテク》の研究をしている若手「中国人学者1000人委員会」のリーダーであった。アメリカで学んだ秀才たちをどんどん中国に帰して、各々《それぞれ》の細かい最先端の技術を、直《ただ》ちに生産に応用させようという「中国《チャイナ》製造2025」戦略の要石《キーストーン》の人物だった。彼を死に追い詰めたのは、前記した軍産複合体（対《たい》中国強硬派）であろう。

私たちの見えないところで、米と中の間では、生きるか死ぬかの激しい闘いをやっている。だから米中貿易戦争の第2ラウンドの始まりは、この12月1日だ。それが、5月15日まで続いた。アメリカの猛攻である。次の記事のとおり、「アメリカの国家安全保障（ナショナル・セキュリティ）に深刻な脅威を与える」として、アメリカ政府は、全面的にファーウェイの製品（通信機器）の購入、利用、使用を、アメリカ企業のすべてに禁止する、大統領命令（エグゼクティブ・オーダー）を出した。

「米、中国ファーウェイを排除 「安全保障の深刻な脅威」大統領令」

トランプ米大統領は、5月15日、国家安全保障に深刻な脅威をもたらす恐れのある、外国企業の通信機器の使用を禁じる大統領令《エグゼクティブ・オーダー》に署名した。事実上、中国を標的にしており、華為技術（ファーウェイ）など同国通信機器会社を米市場から閉め出

中国ハイテク企業の総本山、深圳に行った

ファーウェイ本社前

テンセント本社前

バイドゥ本社前

す狙い。次世代通信規格「5G」の覇権をめぐり、中国との対決姿勢を明確に示した格好だ。また米商務省は、同日、ファーウェイを「安全保障上のリスクが高い外国企業のリスト」に追加し、「同社への米ハイテク製品輸出を原則禁止する」と発表した。難航する両国の貿易協議に影響が及ぶ。大統領令は、「敵対国が（米国の）通信技術の脆弱《ぜいじゃく》性を一段と悪用している」と指摘。「安全保障や外交、経済に深刻な打撃を与える可能性がある」として「国家非常事態」を宣言した。そして商務省《コマース・デパートメント》に対し、150日以内に運用規則をまとめるよう指示した。

（時事通信　2019年5月16日）

これで一気に戦闘モードになった。アメリカと中国は、貿易戦争の第2ラウンドの天王《てんのう》山《ざん》であるIT《アイティ》、通信、スマホ用半導体《セミコンダクター》、第5世代（5G《ファイブジー》）の先端技術戦争の火ぶたを切った。アメリカ政府は、米中の民間のIT大企業どうしの取引、商売に、「待て。政府はそういう取引を許さない」と割って入って、民間企業のビジネスに干渉したのだ。

実は、これより10日前の5月5日に、トランプが怒りにまかせて手を振り上げた。5月5日に戦闘《バトル》は始まっていたのだ。何が起きていたか？

「中国のヤロー、許さん。オレさまに、公然と逆らう気か」と、トランプは怒鳴り声を上げて血迷った。このとき、トランプ大統領が率いるアメリカ帝国は、先端技術戦争《ハイテク・ウォー》で、中国の仕掛けた策略に乗ってしまった。それが、冒頭で述べた6月29日、トランプの大阪での第3ラウンドの敗北につながる。中国は、トランプが突然、怒り狂うだけの大きな反撃の玉をトランプ陣営に蹴り込んだ。

●トランプを激怒させた中国からの政府公電

それは5月3日付の電子メールで、中国政府の正式文書として、ホワイトハウスに届いた。正式の外交文書である。その内容を担当閣僚たちが、慌《あわ》ててスタッフと精査して、それを大統領に上申《じょうしん》した。このときトランプが、我を忘れて怒号を上げた。担当閣僚たちの目の前で、である。「中国、絶対に許さん」。そして、即座にトゥイッターを書いた。それが「残り3000億ドル（32兆円分）の中国からの輸入品に、すべて10％の制裁関税をかける」という文面であった。

トランプは、このあと意固地になった。それでも交渉ごとには決着が必要だ。それで、このあとの第3ラウンド（6月29日、大阪）で、後述するとおりトランプは中国に全面的に折れた。……ところがその1カ月後、8月1日にトランプは、「やっぱり中国からの3000億ドル（32兆円）の輸入品に10％の制裁関税を9月1日から課す」と再び喚《わめ》いた。こうやって問題を蒸《む》し返した。このときニューヨークの株が暴落した。これが第4ラウンドである。トランプはなぜ、こんな右往左往をしたのか？　駆け引き、取引（ディール）の天才ではなかったのか。いよいよ泥沼に嵌《はま》った。

中国は、今年の4月までは、アメリカUSTR《ユーエスティアール》（＝米対外経済代表部）と商務省《コマース》に対して、ひたすら守勢だった。11回の閣僚級協議を続けて、徹底的に平身低頭でアメリカの言うことを聞いた。中国のZTE《ゼットティイー》社が、アメリカ企業からIT《アイティ》技術を泥棒（知的《ちてき》財産権の侵害。勝手な技術移転）した事実を全面的に認めた。最後には、習近平が恥を忍んでトランプに直接電話して、「ZTEを許してほしい」。トランプ「分かった。許す。制裁（取引禁止）を解除しよう」となった。ZTEは10億ドル（1000億円）の罰金を払い、CEO以下、役員を総入れ替えした。

4月中までは、米中の双方が、ギリギリまで譲歩をし合った。両国の貿易交渉（トレイド・トークス）は、内容の90％まで、合意ができていた。この1年間（去年の4月から）に、米ライトハイザーUSTR代表と、中国の劉鶴《りゅうかく》担当官（副首相）が、必死になって内容を詰めていった。細かい項目が230個あって、そのうちの90％で折り合いがついた、という。中国が譲歩し続けた。

ところが、事態は5月3日に、急激に変わった。前述したとおり、中国政府からトランプに、ポンと分厚い手紙（書簡）の束が政府公電で届いたのである。その内容を、ホワイトハウスで精査した。

そして5月5日に、トランプが突如、癇癪玉《かんしやくだま》を爆発させて、すべてをひっくり返した。トランプは逆上して、「中国に、追加関税の3000億ドル（32兆円分）への10％の高関税 high《ハイ》 tariff《タリフ》（懲罰《ちようばつ》関税　punitive tariff　ピューニティヴ・タリフである）をかける」と、突発的に決断して、トゥイッターに書いた。この「5月5日」が決定的に重要だ。

この5月5日から貿易戦争が激化した。交渉ごとでは、話し合いの最中に感情的になって手を振り上げたほうが負けだ。トランプは、徹底的に〝ディール（取引、駆け引き）の人〟と言われ、このプリンシプル（原理）で動く人だ、とアメリカ国民も思っている。その上で、実際の協議（ネゴシエイション。値決め、条件での合意）をする。
そのトランプが、カッとなって自分で交渉のテーブルをひっくり返してしまった。

●「アメリカ政府による内政干渉を許さない」

この直後、5月9、10日に、劉鶴《りゅうかく》が、厳しい顔をして堂々と予定どおりホワイトハウスを訪問（出頭）した。普通ならとても顔を出せる所ではない。館《やかた》（ホワイトハウス）の主《ぬし》のトランプは怒り狂っている。ライトハイザーUSTR代表とムニューシン財務長官と、激しい睨《にら》み合いの協議をした。ホワイトハウスの東側（イースト・ウイング）にある閣僚（長官）たちの棟で。

劉鶴は、毅然《きぜん》とした態度で、協議のあと記者会見《プレス・コー》に臨んだ。「中国政府は、アメリカ政府による中国への内政干渉《ないせいかんしょう》 meddling in internal affairs（メドリング・イン・インターナル・アフェアーズ）は許さない。これは、アメリカによる、中国への不平等条約 unfair treaty（アンフェア・トリーティ）の押し付けである」と、豪然《ごうぜん》たる声明文を読み上げた。

中国の劉鶴《りゅうかく》副首相は、口を「へ」の字に曲げてアメリカに対して毅然としている

写真　EPA＝時事

2019年7月31日、上海で米中貿易協議が行なわれた。ムニューシン財務長官（左）とライトハイザーUSTR代表（中央）がいくらワーワー言っても、劉鶴は堂々と対応した。

この翌日、ワシントンに帰ったムニューシンとライトハイザーは、トランプ大統領から「このバカどもが」と叱られた（第1章参照）。

このときの劉鶴の声明の内容は、アメリカ側にとって、驚くべきものだった。私は、この中国側の声明文の全文を、しばらくしてなんとか手に入れた。その中に書かれていることを要約すると、次のとおりだ。

「アメリカは、中国に対して政府間の通商交渉での礼儀をわきまえていない。交渉の相手国に対する、当然備えているべき敬意《リスペクト》を払っていない。交渉相手を、上から見下《みくだ》すアメリカの態度は、(他の国々はどうだか知らないが)中国には通用しない」というものだった。

次の日経新聞の中国ウォッチャー、中沢克二《なかざわかつじ》記者の記事が、ものすごく重要である。

「衝撃の対米合意案　3割破棄「習・劉」が送った105ページ」

中国政府は、5月初め、約5カ月間の米中貿易協議で積み上げた7分野150ページにわたる合意文書案を、105ページに修正・圧縮したうえで、一方的に米側に送付していたことが分かった。中国指導部内で、「不平等条約」に等しいと判断された法的拘束力を持つ部分などが、軒並み削除・修正されていた。(引用者注。協議内容の中に、もし中国が約束に違反した場合は、アメリカ政府が検査官《インスペクター》を中国の大企業の生産現場に送って、検査《インスペクション》するという内容などだ。アメリカは中国側に対して、そこまでやろうとした）

５月14日までに米中関係筋が明らかにした。ページ数で見ても、実に３割もの協議内容の破棄である。貿易交渉で、米側が重視してきたのは、中国による構造改革の実行を担保する法的措置。その重要合意のかなりの部分が、白紙に戻ったことになる。世界を揺るがせた今回の米中貿易協議は、事実上破綻した。

５月５日の米大統領、トランプによる唐突なツイートが発端ではなかったのだ。中国側が１０５ページ合意案への修正を米側に通告した時点で、既に決まっていた。米中の対立は激しくなる一方だ。

（日本経済新聞　２０１９年5月15日　傍点は引用者）

このように、中国がアメリカを、貿易交渉で蹴《け》り返した。そうしたらアメリカ側は、「あ、バレたか。中国をギューギューと抑《おさ》え込む我々の作戦は、失敗した。中国に見抜かれた」と気付いた。交渉官のライトハイザーとムニューシンは、「中国はやっぱり手強《てごわ》いな。こっちの手には乗らない」と分かった。しかし、トランプは、自分の面子《メンツ》が汚されたと感じて、カッとなった。

中国は、中国との貿易交渉でアメリカがとっている態度は、相手への敬意《リスペクト》がなく、「内政干渉」であり、「不平等条約の押し付け」である、と突っぱねた（5月3日）。中国が「不平等条約だ」と言い出したと聞いたら、日本人は、「そうか。そういうことだったのか」と分かる。日本人なら、明治時代からこっち、欧州列強《ヨーロピアン・パウアズ》から不平等条約《アンフェア・トリーティ》を押し付けられたことへの屈辱《くつじょく》は、権力者たち（政府）だけでなく、庶民でも肌身で分かった。

怒ったトランプが、「よし、それならやっぱり制裁《せいさい》関税（ピューニティヴ・タリフ）だ。中国を苦しめてやる。そしてさらに、ファーウェイ（華為技術）の、米企業との取引（半導体や電子部品《デバイス》を売ることと、ファーウェイ製のスマホや5G基地局［電波塔］を買うことの両方）を政府が禁止する」と決めた（5月15日、米商務省発表）。

ファーウェイは、アメリカの軍事情報まで盗み出すことができる、とアメリカは信じ込んでいる。ファーウェイ社は、すでに5Gの世界基準《ワールド・スタンダード》の規格力を持っている。この現実に焦《あせ》ったアメリカは、国家安全保障（ナショナル・セキュリティ）に関わる、ということで取引禁止にした。

だが華為《ファーウェイ》が、5Gの通信網を使って、アメリカの軍事用の通信網までも傍受・盗聴（ワイヤタップ）したという証拠は、ひとつも挙がっていない。だから中国とファーウェイ社は、ITU《アイティユー》にアメリカ政府を提訴した。

アメリカの通信技術は、すでに中国に負けている、という事実が重要だ。そして決着は、第3ラウンドの、大阪G20での「トランプ・習近平会談」で決める、となった。

アメリカ企業との「取引禁止」の制裁を受けたファーウェイは、5月20日から、続けざまに任正非《じんせいひ》CEOが記者会見を行なった。中国の財界人が集まった席での会見だけでなく、記者会見（プレス・コンファレンス）でも、はっきりと発言した。深圳《シンヤン》の本社の、迎賓館の一角にある、日本の目黒雅叙園《めぐろがじょえん》をそっくりそのまま再現した料亭のような部屋に、日本人記者たちだけを集めての記者会見もやった（5月18日。P125参照）。

「我が社は、アメリカ政府による制裁に、十分に耐えられる。何も心配していない。もっともっと最新の技術を作る。5Gの世界規準は、すでに我が社のものである。試練を受けて、ますます従業員はやる気十分だ。スマホ用のグーグル・アンドロイドと同じ形のOS《オウエス》（オペレイション・システム）のプロセッサーと、半導体《セミコンダクター》も、自前で作れるように、10

年前から準備してきた。だからちっとも心配していない。我が社が、この分野では今も世界一の特許数と特許出願数を持っている」と答えた。

「中国共産党の締め付けがあまりにキツいので、私はファーウェイを米モトローラ社にすべて売却しようと考えた。しかし、モトローラが買ってくれなかった。だから将来、必ずアメリカにつぶされる、と分かったので、２００３年から着々と準備をしてきた」。世界中が、この任正非の発言に驚いた。だからファーウェイは、ちっとも負けていないのだ。

ここまでが第2ラウンドだ。

●なぜトランプは折れたのか

そして、いよいよ第3ラウンドである。6月28、29日の大阪G20で、トランプと習近平会談は、80分間行なわれた。29日の午後1時半、会談を終えてトランプが一人で記者会見した。

その内容は、
① ファーウェイ（華為技術）への、アメリカ政府による取引禁止措置を解除する。

②輸入する3000億ドル（32兆円）分への、第4弾の制裁関税（ピューニティヴ・タリフ）を延期する。

③交渉は閣僚級で今後も継続する。

というものであった。トランプは、実に悔《くや》しそうだった。憮然《ぶぜん》としていた。このあと、負け惜しみで「中国は、1兆ドル（100兆円）分のアメリカの農産物をすぐに買うと約束したぞ」と、トゥイッターした。そんな、1兆ドル（100兆円）ものアメリカ産農産物を中国が即座に買うことなどできない。よくて1000億ドル（10兆円）だ。一桁《けた》、違う。それを10年間続ける、という取引だ。

これが中国側の譲歩と妥協だ。アメリカの農民（農場経営者《ファーマー》）たちから、「トランプよ、中国に農産物を輸出できなくなったぞ」、と不満が出ている。この中西部《ミッドウエスト》の農業州の農民の支持（票）を失いたくない。トランプの本音だ。

6月29日のトップ会談の前日、深夜まで双方の交渉スタッフ（場所は宿泊先の帝国ホテル大阪）の詰めの作業が続いた。中国（劉鶴）は一貫して、「ファーウェイへの取引禁止措置の解除が、首脳会談が開かれる前提となる。そしてその次が、3000億ドル分への追加懲罰関税を取りやめる問題だ」と、劉鶴は頑強に主張し続けた。そして、まさしく中国の言うとおりになった。アメリカが音《ね》を上げた。根負《こんま》けした。アメリカは、この2つともで折れた。だからアメリカの負けだった。トランプの表情は虚《うつ》ろになり、もう上《うわ》の空《そら》だったという。

「トランプ氏　華為〝禁輸措置解除〟を表明」

アメリカのトランプ大統領は、Ｇ20サミット閉幕を受けて、記者会見を開き、中国との貿易協議再開を巡り、通信機器大手ファーウェイに対する禁輸措置を解除する方針を表明した。

トランプ大統領は、記者会見で「貿易協議を再開して、中国から農産物の大量購入を勝ち取った」とアピールした。だが、中国側への譲歩が目立つ内容となっている。トランプ大統領は、「中国は莫大な量の食料や農産物を購入する予定だ。それもかなりすぐに始めるそうだ。そのように交渉で決まった」と語った。

今回の決断は、来年の大統領選挙を強く意識したことをうかがわせる。大統領は、ファーウェイに対するアメリカ製品の禁輸措置を解除する方針を表明した。次いで、制裁関税第4弾の発動も延期した。

（NNN　2019年6月29日　傍点は引用者）

このように6月29日のトップ会談は、アメリカのボロ負け、中国の圧勝なのである。なぜこれほどにトランプは急激に弱腰になったのか。それはアメリカ国内の重要な2つの産業界が、「中国とのケンカはやめてくれ。私たちが本当に困る」と、ブーブー文句を言ったからだ。

①つは、当然ながらＩＴ企業の大手たちだ。ファーウェイに、半導体や電子部品を大量に売っているシリコンバレーのハイテク企業たちだ。併《あわ》せて、ファーウェイから5Ｇの基地局《セル・ステイション》（電波塔）を、すでに大量に購入してきた大手通信事業者たちだ。

6月に、グーグル、インテル、マイクロン・テクノロジー、アップル、マイクロソフト、ブロードコムなどの巨大ＩＴ企業たちが、アメリカ政府（商務省《コマース》）に、「ファーウェイとの取引停止は、わが社の経営に重大な支障をきたす」と要望書を提出した。とくに、製品のほとんどを中国で作っているアップルのティム・クックＣＥＯは、トランプに愁訴《しゅうそ》を通り越して、哀訴《あいそ》を繰り返している。

②つ目は、前述した中国に農産物を輸出している農業州と、そこから選出されている上

院議員たちである。ケンタッキー州、テネシー州、アイオワ州、ミズーリ州、ネブラスカ州、カンザス州などの中西部（ミッドウエスト）の農業州である。そこから選出されている上院議員たちが、ブーブー言う。上院議員たちは、大統領に直接、電話をかける権限を持っている。「大統領。私が選挙で危なくなる」と文句を言った。

●李鴻章《りこうしょう》になぞらえられていた劉鶴

もう1本、新聞記事でこの第3ラウンドの「6・29会談」の様子を見てみよう。

「米中、貿易協議を再開へ　首脳会談で合意　対ファーウェイ、部品販売を容認」

米国のトランプ大統領と、中国の習近平（シー・ジンピン）国家主席は、6月29日に大阪市内で会談した。5月から途絶えていた貿易協議の再開で合意した。米国は、①3千億ドル（約32兆円）分の中国製品への追加関税を先送りする。②米企業による中国の情報通信機器大手、華為技術（ファーウェイ）への部品販売（主に半導体）も認める方針に転じた。米中は、貿易戦争の激化をひとまず回避した。だが、協議の合意に向けた道筋が描けているわけではない。

会談は、６月29日昼に１時間あまり開いた。２０１８年12月１日のアルゼンチン以来、約７カ月ぶりだ。トランプ氏は、29日午後の記者会見で、「これからも交渉を続ける。中断したところからまた再開する。閣僚級の貿易協議を再開する」と表明した。

米中貿易協議は、２０１９年１月から本格化し、大半の分野でまとまった（引用者注。約90％で合意）。だが、中国の国有企業への産業補助金の廃止や、すでに発動済みの（引用者注。「第３弾」までの２５００億ドル分の）追加関税の扱いを巡って土壇場で対立した。５月に協議が決裂した後は、米中は互いに追加関税をかけあった。

米商務省は、５月15日に「安全保障上の懸念がある」として「エンティティー・リスト」（ＥＬ）にファーウェイを加えた。このＥＬは、米政府の許可なく米国企業から（外国企業が）電子部品や技術を購入する（すなわち、販売する）のを禁じる法制度である。ファーウェイは、次世代通信規格である「５Ｇ」でアメリカに先行し、携帯電話や通信基地局で世界で高いシェアを持つ。

米政府による禁輸措置で、同社は収益の大幅な落ち込みが予想された。ところが、トランプ氏は会見で「ファーウェイに米国製品をこれからも売ることを認める」と、態度を軟化させた。

トランプ氏は、ファーウェイの安全保障上の懸念について、「非常に複雑な問題だ。今後の（閣僚級の）貿易協議でどうなるか、だ。安全保障上の問題がない場合は、装備や設備を（米企業はファーウェイに）売ってもいい」との考えを示した。

ただ、禁輸措置の解除の詳しい条件は明らかになっていない。「EL（リスト）からファーウェイを外すことを会談で取り上げたのか」の記者からの質問に対し、トランプ氏は「私は習氏とは（そのことは）話していない。明日か火曜日に（閣僚同士で）協議するだろう」と語った。2018年6月に、米商務省が中興通訊《ちゅうこうつうじん》（ZTE《ゼットティイー》）への制裁を解除した時は、ZTEは罰金の支払いや経営陣の入れ替えに応じた。

（日本経済新聞　2019年6月29日　傍点と注は引用者）

このように、トランプのアメリカのほうが、一方的とも言える大きな譲歩をした。これで一応、交渉（協議）は成立したのだ。多くの新聞やテレビは、「貿易交渉は、休戦《シース・ファイア》（停戦）した」と報道した。劉鶴の終始、毅然とした表情の写真が目立った（P135の写真参照）。

交渉者の劉鶴副首相は、習近平の、中学校時代の同級生だ。党の幹部の息子たちが通う北京のエリート中学校（日本の高校に当たる）だった。劉鶴は、この4月まで、中国国内でものすごく評判が悪かった。「劉鶴。情けない男だ。お前は李鴻章《りこうしょう》だ」と、さんざん叩かれた。

李鴻章は、１８９４（明治27）年の日清戦争で中国が負けて、日本が勝ったときの中国の平和条約《ピース・トリーティ》（講和条約）の交渉者だ。伊藤博文《いとうひろぶみ》と下関《しものせき》の春帆楼《しゅんぱんろう》で交渉した。下関条約を結んだ。中国人にとっては実に屈辱的な敗戦条約だった。台湾を取られ、朝鮮王国を取られた（１８９５年4月）。遼東《りょうとう》半島は、三国（独、仏、露）干渉で中国に戻された。賠償金は2億両《テール》（銀貨）だった。李鴻章は、中国民衆から石を投げられそうな弱腰外交をやった。曾国藩《そうこくはん》に次ぐ、滅びかかっていた清朝《しんちょう》（大清帝国《だいしんていこく》）で洋務《ようむ》運動（西洋近代化）を進めた№2の政治家で首相格《かく》だった。

歴史の真実は、下関で伊藤博文と李鴻章の交渉の場を横から見下ろしていたのはイギリス公使である。イギリス（大英帝国）が中国政府と日本政府の両方を、上から上手に操《あやつ》っていたのである。だから戦争を調停した。このあとの日露戦争（１９０４、5年）でも構図は同じだ。日本は、大きくイギリス（大英帝国）に背後から操《あやつ》られていた。

●対中国制裁関税「第4弾」の復活

私はダメ押しで、さらに「現場からの報告」である新聞記事を長々と載せる。これも日経新聞の中沢克二記者の文である。重要なシーンが描かれている。この記事の後ろのほうに、はっきりと書かれている。「28日夜の時点で、トランプは翌日の米中首脳会談への興味を、半分以上失っていた」と。

「米中、大阪で前夜密会　首脳会談シナリオ決着」

大阪での20カ国・地域首脳会議（G20サミット）で、米大統領のトランプら米側代表団の宿舎となった名門、帝国ホテル大阪。米中首脳会談を翌日に控えた6月28日夕、厳しい車両規制で、関係者以外、近づくのさえ困難な建物に本来、いるはずのない重要人物がお忍びで現れた。

中国副首相の劉鶴《りゅうかく》である。中国国家主席、習近平（シー・ジンピン）の側近にして、米中協議の中国側代表だ。面会した相手は、米通商代表部（USTR）代表で、米交渉団を率いるライトハイザーら。「話は2時間近くに及んだ」。米中関係筋が明かす。

中国との対立が一段と激しくなれば、戦線が世界中に広がってしまい不利だ。対中制裁関税「第4弾」の発動は、米株の暴落につながる。そうなれば、トランプの今後の米大統領選挙戦にも好ましくない。

トランプにとって、「習近平側が示した輸入拡大、知的財産権を保護する、という柔軟な態度」は、満足できるほどではない。だが渡りに船だ。その後の事前協議では、劉鶴も「農産物などの大量購入リストを後に示す」と約束した。ひとまず対中交渉の席に戻るのは異存がない。

会談の中身が見えた（6月）28日夜の時点で、トランプは、翌日の米中首脳会談への興味を半分以上、失っていた。その証拠が、29日の日本時間午前7時台という朝っぱらから、トランプが発したツイートだった。「キム（金正恩《キムジョンウン》）委員長よ、君がこれ（私のトゥイッター）を読んでくれたなら、私は（明日、板門店の）非武装地帯（D《ディー》MZ《エムズィー》）で、君と会って握手したい（是非来てくれ）」

もはや心ここにあらず。北朝鮮に初めて足を踏み入れる現職米大統領になりたい。
そんな願望に向けてトランプは走り始めていた。

（日本経済新聞　２０１９年７月３日　傍点と注は引用者）

トランプは、中国との貿易戦争で、どうしても中国が強情で絶対に折れないし、屈服しないので、さじを投げた。ガチンコ勝負で、自分のほうが折れた。

ところが。それからちょうど1カ月後の8月1日に、トランプはまた血迷った。「対中制裁関税　第4弾」である「３０００億ドル分への10％の関税」をかける、と、また言い出した。それでニューヨーク株がガラガラ落ち始めた。米中貿易戦争は、第4ラウンドの泥沼に突入した。

●妥協派と強硬派——アメリカ国内が分裂している

アメリカと中国は、激しい対立を続けたまま、貿易戦争は、その姿をＩＴ《アイティ》ハイテク戦争に変貌させながら続く。このまま、ますます米中は衝突を繰り返してゆく。これからも何

郵便はがき

料金受取人払郵便

神田局
承認

7806

101-8796

509

差出有効期限
2021年
10月20日まで
(切手不要)

(受取人)
東京都千代田区神田神保町3−2−1
サンライトビル401

ブレイントラスト企画
副島隆彦の
"予言者"金融セミナー 第19回 行

フリガナ お名前　　　　　　　　　　　　　様	性別　男・女 年齢　　　　歳
2020年3月15日(日) 副島隆彦《そえじまたかひこ》の“予言者”金融セミナー第19回に、申し込みます。	お申し込み人数 　　　　名
ご住所　〒　　　—	
TEL	FAX
携帯番号	
e-mail　　　　@	
会社名(お申し込みが法人の場合)	
通信欄(副島先生へのご質問、ご要望は、こちらにご記入ください)	

収録DVDのご注文　ご希望の欄に ☑ をつけてください

☐ 第1回～第17回 よりどり2本セット **13,600円** 第◯回と第◯回　※ご希望の回を○にご記入ください。このハガキでのお申し込みに限ります。

☐ 第1回(2011年3月27日) **9,800円**	☐ 第10回(2015年9月 6日) **9,800円**
☐ 第2回(2011年7月31日) **9,800円**	☐ 第11回(2016年3月20日) **9,800円**
☐ 第3回(2012年1月29日) **9,800円**	☐ 第12回(2016年9月18日) **9,800円**
☐ 第4回(2012年7月 1日) **9,800円**	☐ 第13回(2017年3月26日) **9,800円**
☐ 第5回(2013年1月27日) **9,800円**	☐ 第14回(2017年9月17日) **9,800円**
☐ 第6回(2013年7月28日) **9,800円**	☐ 第15回(2018年3月11日) **9,800円**
☐ 第7回(2014年2月 9日) **9,800円**	☐ 第16回(2018年9月30日) **9,800円**
☐ 第8回(2014年7月26日) **9,800円**	☐ 第17回(2019年3月24日) **9,800円**
☐ 第9回(2015年3月 1日) **9,800円**	

☐ 第18回(2019年10月20日) **9,800円** よりどり2本セットの対象外です。

過去の講演会の収録DVDを、ご要望にお応えし好評発売中! DVDは、代金の先払い後の発送になります。DVDのご注文を弊社で受付しましたら、ご連絡いたします。

～著者の最新情報～

第19回

副島隆彦《そえじまたかひこ》の"予言者"金融セミナー

開催日 2020年3月15日(日)

会　場 イイノホール&カンファレンスセンター
東京都千代田区内幸町2丁目1番1号

アクセス
- 東京メトロ 日比谷線・千代田線「霞ケ関」駅 … C4出口直結
- 東京メトロ 丸ノ内線「霞ケ関」駅 ………… B2出口 徒歩5分
- 東京メトロ 銀座線「虎ノ門」駅 ………… 9番出口 徒歩3分
- 東京メトロ 有楽町線「桜田門」駅 ………… 5番出口 徒歩10分
- JR山手線・京浜東北線・東海道線・横須賀線
  都営地下鉄浅草線、ゆりかもめ「新橋」駅 … 徒歩10分
- 都営地下鉄 三田線「内幸町」駅 ………… A7出口徒歩3分

開　演 12時(開場・受付11時)
途中、休憩あり。

終　了 17時30分(予定)

【受講料】
15,000円(税込)/全指定席

【企画・運営】ブレイントラスト企画

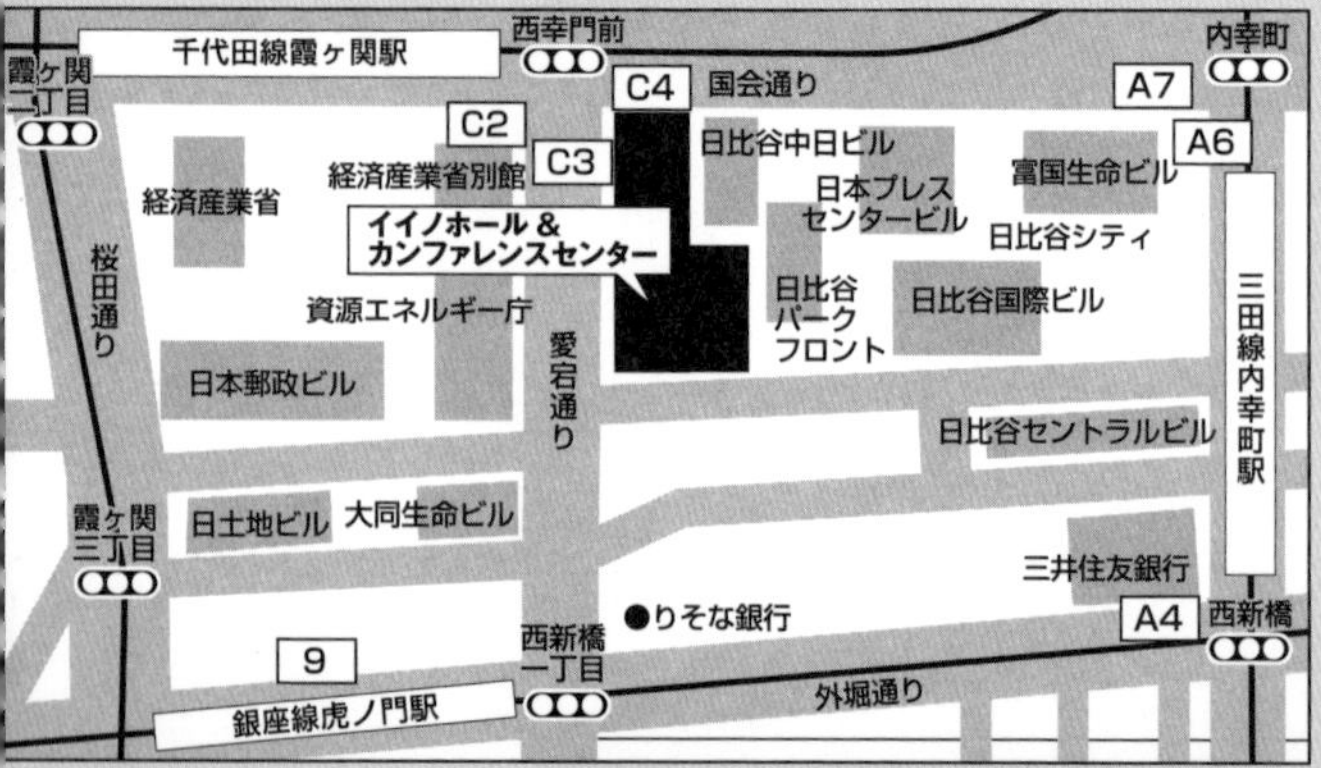

トランプ政権の対《たい》中国での対立線

回も、「交渉（協議）が一部妥結した。米中関係に微《かす》かな明るさが見えてきた」と報道されるだろう（10月12日にアメリカは「第一段階の合意に至った」と、関税の30％への引き上げを見送った）。だが、そのあとでまたひっくり返される。新たな緊張がふたたび起きる。この繰り返しのまま、これから数年（はっきり書くと、２０２４年までの5年）が過ぎてゆくだろう。さてそのあと、何が起きるか？　だ。

もう貿易戦争では済まない、本当の戦争（warfare　ウォーフェア）の一歩手前にまでつながる。この１年間、私は、ずっと考え込んだ。なぜなら、今のアメリカ国内には、「中国と戦争をして中国を叩きのめすべきだ」と、考えている人々がたくさんいる。この雰囲気がアメリカの白人の労働者や地方の農民たちの間にまで広がった。

アメリカ白人の7割ぐらいが、なんと民主党支持層まで含めて、「中国の力を今、抑え込め」と考えている。それをひと言で言えば、〝反《はん》共産主義の燃えるような情熱〟である。日本にもそれに追随する人々がいる。安倍政権を支えている右翼と保守派の中の、タカ派の人々だ。

例えば、トランプの首席戦略官《チーフ・ストラテジスト》をしていたスティーブ・バノン（Steve Bannon　2017年8月に辞任）は、その後、ヨーロッパ諸国の右翼の貴族たちの集まりで、「今のうちに中国を抑え込まないと、我々の白人文明（ホワイトマン・シヴィライゼイション）が敗北する。中国に世界覇権（ワールド・ヘジェモニー）を握られてしまう」と演説して回っている。バノンは日本にもやって来て、「今こそ、中国を叩くべし」を説いている。

バノンに代表される反共《はんきよう》右翼の勢力は、アメリカの地方の白人層の中に根強く存在し〝宗教右翼（レリジャス・ライト）〟と呼ばれる。第1章で書いたが、かつて1950年代からのアメリカ全土で湧《わ》き起こった、「ソビエト共産主義（コミュニズム）と対決せよ。

ソビエト・ロシアの膨張をこれ以上、許すな」の、反共プロパガンダ運動と実によく似ている。「アメリカン・マガジン」や「リーダーズ・ダイジェスト」など、1ドルのパルプ（安物）雑誌が全米で読まれた。

今回は、ロシアが主敵ではない。ロシアは1991年12月に、ソビエトが崩壊して（もう28年前である）アメリカの大勝利となった。今度は、台頭が著《いちじる》しい中国が対決者である。ただの貿易戦争、通商協議《トレイド・トーク》では済まなくなっている。

トランプ大統領自《みずか》ら、火に油を注《そそ》ぐ。本心は、何でも取引《ディール》と妥協《コンプロマイズ》で収める、という男なのだ。表面のポーズ（発言）だけは勇ましい。もうこのトランプの「口ばっかり」は世界中にバレてきた。だが、アメリカ国内が反《はん》中国の気運になってくると、話し合いを何とかまとめて、決着をつけよう、という気分がどんどん遠のく。米中貿易戦争は、ますます泥沼に嵌《はま》る様相を呈してきた。

「もうこれ以上、中国によるアメリカの知財《ちざい》（先端の知識財産。ノウハウ）の窃盗《せっとう》は許さない」という主張が、アメリカ国内に渦巻いている。この層の人々が、そっくりそのまま、トランプ大統領の強固な支持層である40％のアメリカ国民を作っている。アメリカ白人数は、人口3億人のうちの、ようやく50％の1・5億人を、なんとか維持している。しかし、WASP《ワスプ》と呼ばれる純《じゅん》イギリス系の白人は、そのうちの半分の7000万人しかいない。他の白人種《コーカソイド》は、その他のヨーロッパ系だ。だからトランプも、対《たい》中国で強硬派のふりをする。徹底的な人気取り政治だ。そうしないと、次の大統領選挙（来年の11月）で、この人々の票が逃げてしまう。

それでもアメリカ国内は、大きくは、Ⓐ対《たい》中国妥協派（ハト派）と、Ⓑ対《たい》中国強硬派（タカ派）の2つに分かれている。

Ⓑの対《たい》中国強硬派は、今の事態を、「米中覇権《はけん》戦争」と呼んでいる。The《ザ》 US-China《ユーエスチャイナ》 Hegemonic War《ヘジエモニックウオー》と言う。このⒷ対中国強硬派（タカ派）は、トランプ政権の閣僚にもいる。まずペンス副大統領だ。彼が、アメリカの保守勢力の主流派である軍産複合体《ミリタリー・インダストリー・コンプレックス》を代表する。それから、ポンペオ国務長官、ジョン・ボルトン安全保障担当補佐官（最近9月9日に、クビになった）。そして貿易交渉官の一人であるピーター・ナヴァロ前カリフォルニア大学経済学教授である。前述した（P42）『米中もし戦わば』"Crouching Tiger"「クラウチング・タイガー」の著者である。

彼らは、軍事、国防の観点から、「これ以上、中国の先端《ハイテク》の通信技術開発の独走を放置すると、アメリカの軍事情報までも中国に筒抜けになる。アメリカはサイバー戦争《ウォー》で中国に負ける。次の5G《ファイブジー》、6Gの世界通信規格をファーウェイに押さえられたら、インターネット使用の分の米軍の軍事通信が中国に丸見えになる」と、危機感を露《あら》わにしている。

このⒷ対《たい》中国強硬派《ハードライナー》は、貿易交渉で譲歩や妥協をしない。すでに中国の技術力は、アメリカの安全保障にとって脅威になっている。だから徹底的に中国を叩きのめすしかない。国家の安全は掛け引きや取引材料にならない、と主張する。中国の要求を飲んだら、アメリカはやられてしまう。アメリカの軍事的優位は、中国によってひっくり返される、と。

それに対してⒶの、中国妥協派《ソフトライナー》（ハト派）で、中国への制裁《せいさい》関税に反対し、対《たい》中国での交渉妥結を望む人々がいる。それは、ムニューシン財務長官、ライトハイザーUSTR《ユーエスティアール》代表らである。そして、トランプ大統領その人が、Ⓐ対《たい》中国ソフト派（ハト派）である。トランプは、徹頭徹尾〝取引（ディール）の人〟だ。すべては交渉ごとである。これから何度でも、落としどころを探り、折り合いをつけようとする。

トランプの口ばっかりの威勢のいいトゥイッターに騙されないほうがいい。口ばっかりの男だ、とアメリカ国民にもバレてきた。飽《あ》きられたら、来年の選挙が危ない。ところが競争相手の民主党の候補者は、76歳のジイさんのジョー・バイデン（オバマ政権の副大統領だった人）か、女性のエリザベス・ウォーレン上院議員（マサチューセッツ州選出）だ。だから大きな予測としてトランプは負けないで再選される。

トランプは商売人あがりだから大きな戦争（ラージ・ウォー）ができる人間ではない。トランプの軍事作戦や戦争指揮を見ていると、本当に、下手くそな大統領だ。

7月中旬に騒がれた、イランのホルムズ海峡での緊張のときもそうだった。その直前の、南米ベネズエラのマドゥロ政権倒しも失敗した。米軍はイランの軍事施設にミサイル攻撃をしようとした。このときトランプは、軍のトップに聞いた。「もし、攻撃を開始したら米兵が何人死ぬんだ？」「大統領、150人です」「そうか。それなら、やめる。私は攻撃命令を出さない」と。トランプというのは、本当にこういう男だ。お金（費用、経費）が、いくらかかるか、を、何よりも気にする根っからの国家経営者である。

トランプは、口で相手を激しく威圧することはする。それもたいていは、口ばかりの、見せかけの脅《おど》しだ。戦争をするとなったら、たとえ小さな戦争（スモール・ウォー）でも、どれくらいカネ（出費）がかかるか、と、商売人の本能でイヤがる。

だから、トランプは、対《たい》中国のIT《アイティ》、通信機器の取引禁止の交渉でも、Ⓐの交渉妥結派

（ハト派）だ。トランプは、何回でも態度をコロリと変えて、中国と妥協する。

●米国のIT企業とファーウェイ

6月29日の大阪G《ジー》20で米中貿易戦争は、大きな山場を越した。トランプは、中国と妥協した。その最大の理由は、国内のIT企業の大手が軒《のき》を連ねて、「大統領。ファーウェイとの取引停止（禁止）措置を解除してください。そうしないと我が社は潰れます」と泣訴《きゅうそ》、哀願《あいがん》したからだ。

いちばん困っているのは、自社のスマホのほとんどを中国で作っている① **アップル社**だ。今回の米中の貿易戦争は、アップルにとって致命傷である。急に「ベトナムに生産委託先をどんどん移す」と、今ごろ言っても、どうにもならない。「サプライ・チェーン」という部品供給の企業群は、そんなに簡単に作れるものではない。アップルはスマホのほとんど90％を中国で作っている。多くをホンハイ（鴻海精密工業。中国ではフォックスコン）に、委託生産（EMS《イーエムエス》と言う）している。

アップルのCEOのティム・クックは、ホワイトハウスまでトランプに会いに行って、

2人で並んでニッコリ写真に写っていた（4月25日）が、実情は甘くない。真実は泣きそうなのだ。トランプは、「急いで、アメリカ国内に生産を移せないのか」と問う。だがクックは、「大統領。そんなに簡単ではないのです」と答える。2人でがっかり、だ。アップルは主力商品のiPhone《アイフォン》 X《テン》の売れ行きが落ちている。最新製品も出したが、中国製なのである。「3000億ドル分の制裁関税を12月まで延期する」の、この「延期の繰り返し」は、アップルのスマホが、そのど真ん中にいる。

アップル以外では、**②インテル社**。インテルは、スマホ用をやめたPC《ピーシー》（パソコン）用の半導体の最大手のメイカーだ。その販売先《さき》（大得意《おお》）が、ファーウェイである。これが売れないとなると、インテルにとって打撃が大きい。

③クアルコム社。このクアルコムというアメリカの会社が、スマホ用の半導体の最高級品を作っている。今もクアルコムの技術力が、半導体の王様であるらしい。AMD《アムダ》社（本社ニューヨーク）も最高級品の半導体とDRAM《ディーラム》を作っている。

この2社がファーウェイのスマホ用に、大量に売っている。クアルコムの半導体を出荷停止にされたら、ファーウェイは息《いき》の根を止められると、2018年に盛んに言われた。

日本国内の基地局シェア

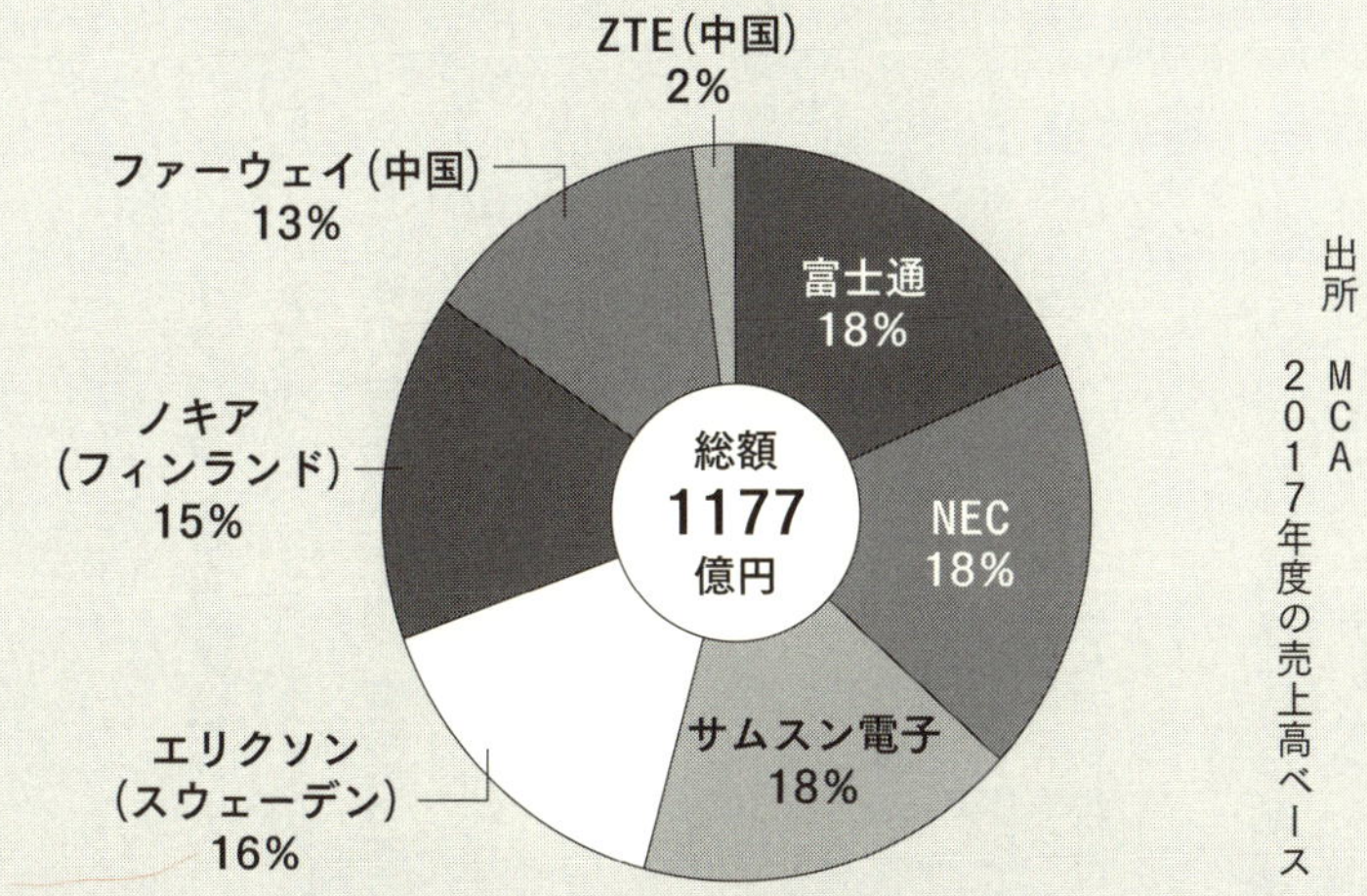

出所　MCA　2017年度の売上高ベース

世界の基地局シェア

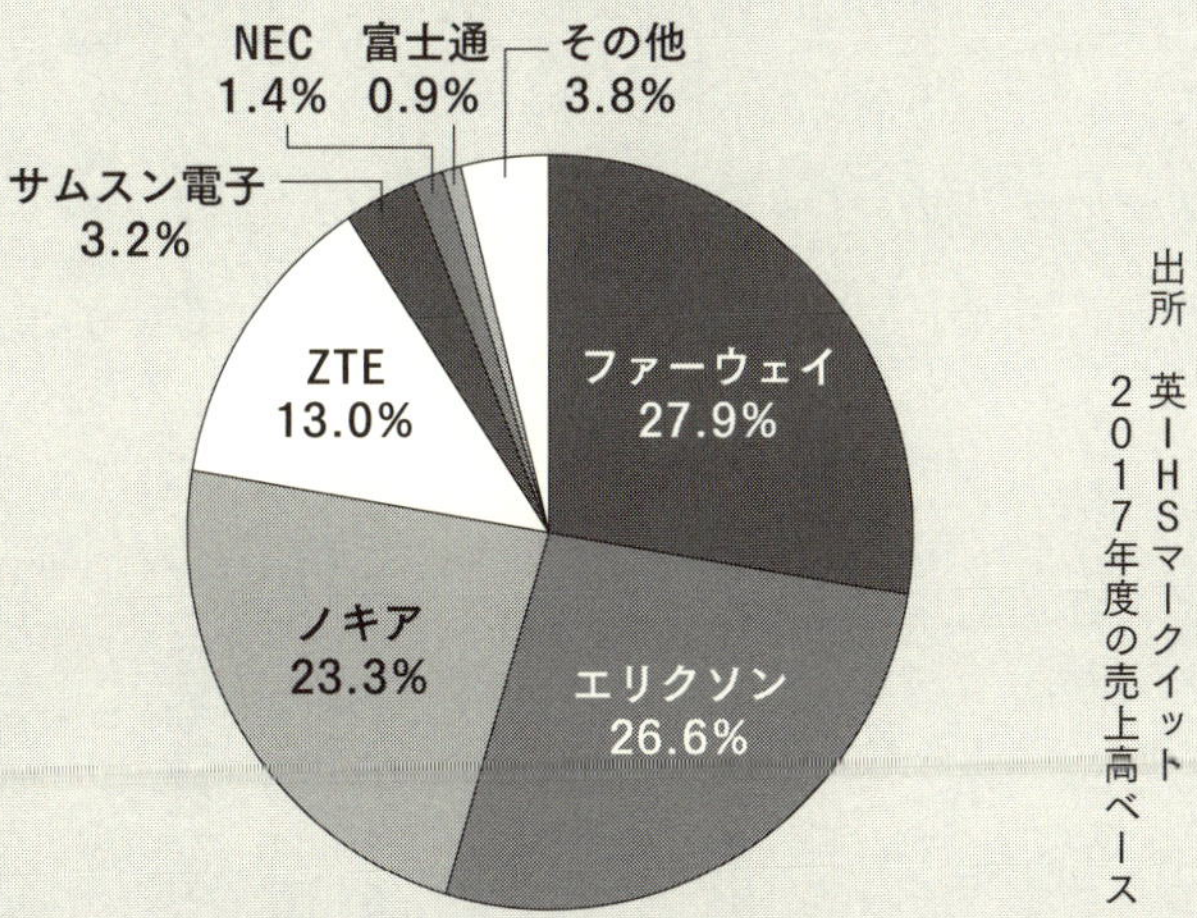

出所　英IHSマークイット　2017年度の売上高ベース

日本では携帯の大手3社が、基地局などの通信設備から中国大手の製品を事実上除外する方針を固めた。アメリカの動きに足並みをそろえた。世界のシェアと、これだけの違いがある。

ファーウェイが世界中に売っている5G用の基地局《セル・ステイション》（電波塔）にも半導体は必要だ。
④**マイクロン・テクノロジー**。マイクロン社も、ファーウェイ向けに重要な電子部品《デバイス》をたくさん売っている。ここが、いちばん打撃が大きそうだ。
⑤**日本の村田製作所、東芝メモリ（現・KIOXIA《キオクシア》）、ソニー、三菱電機**などは、スマホ用のカメラ（レンズ）やセンサーやフィルターなどの電子部品をファーウェイに納品している。これらが売れなくなったら経営にヒビく。アメリカ政府の監視の目をかいくぐって、日本勢はコソコソとファーウェイに売っている。

こういうことは新聞記事にはならない。日本国は、自前でスマホ用の半導体を作ることはついにできなかった。日本は、もう電子大国《エレクトロニクス・スーパーパウア》ではない。今や日本は〝中国の下《した》請《う》け国家〟なのである。中国専門家《チャイナ・ウオッチャー》の近藤大介《こんどうだいすけ》氏の著作『ファーウェイと米中5G戦争』（講談社＋α新書、2019年7月刊）と、『二〇二五年、日中企業格差―日本は中国の下請けになるか？』（PHP新書、2018年9月刊）に余《あま》すことなく、これらの事実が書かれている。

それでも日本は、今も半導体製造機とセンサーなどの電子部品《デバイス》では、まだ世界1位である。前記の日本のハイテク大手企業たちが作っている。ただ、これもあと何年保《も》つか、である。

この他に、ファーウェイと競争（競合）する企業として、**⑥エリクソン**（スウェーデン）と、**⑦ノキア**（フィンランド）がある。この2社がファーウェイと競争して、5G用の基地局（スマホ用のアンテナ）を作ることができる。③のクアルコムもそうだ。だが、値段と性能においてファーウェイに負けている。

台湾に**⑧TSMC**《ティエスエムシー》（台湾積体電路《せきたいでんろ》製造）という、大きな半導体組み立て委託製造（E《イー》MS《エムエス》 electronics《エレクトロニック》 manufacturing《マニユファクチユアリング》 service《サービス》）する重要な企業がある。このTSMCが、これから〝台風の目〟になる。なぜなら、米と中の経済戦争は、不可避に、「台湾の奪い合い」になる。台湾が、米中戦争の天王山なのである。香港ではない。香港での学生たちの騒ぎは、本当は、台湾に反中国感情が飛び火することを狙ったアメリカ政府の策略である。

台湾の来年1月11日の総統選挙で、民進党《みんしんとう》の蔡英文《さいえいぶん》女史が再選されることが、ほぼ決まった。アメリカの勝ちだ。香港の騒乱の影響が大きかった。だが、蔡英文政権は人気がない。「中国からの独立」を唱えても、台湾経済は立ち行かない。台湾企業は製造、生産の多くを中国本土《メインランド》で行なっている。台湾は、どうしても、中国の影響下に入ってゆく。

この他に、⑨**アメリカのAMD《アムダ》社**と、⑩**英ARM《アーム》社**が重要である。前述した③の米クアルコム社のスマホ半導体は、⑧の台湾のTSMCが下請けで作っている。この下請けのことを、foundry ファウンドリーとも言う。

このファウンドリー（下請け組み立て業）に対して、「ファブレス」fabless である③のクアルコムや、⑨AMD社は工場を持たない。半導体の設計だけをする企業である。TSMCの親会社は、台湾（フォモサ）プラスティックである。創業者の王永慶《おうえいけい》は、日本パナソニックの創業者、松下幸之助《まつしたこうのすけ》と盟友であった。

1978年末に訪日した〝中国を真に豊かにした大立者《おおだてもの》〟の鄧小平《とうしょうへい》が「中国に来て工場を作ってください」と頼んだら、松下幸之助は、「よろしおます」と答えた。そのとき以来、中国の巨大な成長、発展が始まったのだ。鄧小平が日本から帰ったあと発表した。

1978年12月18日が、中国の「改革開放」政策の始まりの日である。〝4度目の不死身の復帰〟をした鄧小平が、大号令をかけて「今の巨大中国」ができたのだ。その「改革開放40周年のお祝い」を、中国は去年の12月18日に盛大に行なった。この大きな節目を私たち日本人は知らなければいけない。中国は40年かけて、ここまで一気に巨大な成長を遂げたのだ。この大《だい》事実を直視せよ。

⑧の台湾のTSMC社から、広東省深圳《シンセン》にあるファーウェイのスマホ最終完成工場に、完成した半導体が直接、送られる。これを米政府は今回、阻止した（販売禁止）。

再度書くが、Apple《アップル》の高級スマホiPhone X《テン》（20万円）は、中国製ということになる。トランプは、これに制裁関税《ピユーニテイヴ・タリフ》をかける、と騒いで、それで自分で自分の首を絞《し》めることになって、アワアワしているのだ。

もうひとつ、大きな闘いがある。それは、巨大ソフト企業⑪**グーグル社**のOS《オウエス》「アンドロイド」の使用禁止措置だ。これに対抗して、ファーウェイは、ついに独自の「鴻蒙《ホンメン》」を発表した。さらには、独自のスマホ用半導体も、③クアルコムに対抗して「ハーモニーOS」を発表した。ファーウェイの子会社、ハイシリコン社が独自に作った。

ハイシリコン HiSilicon の技術力が、世界の台風の目になっている。「Kirin《キリン》 980」は、半導体の塊《かたまり》のCPU《シーピーユー》である。このCPUもハイシリコンが設計している。下請け製造は台湾のTSMCであるようだ。2月には5G対応の超高級品（31万円）の折りたたみ式のスマホ「Mate X」（メイトエックス）を、サムスンとアップルの高級品（ハイエンド）を蹴散《けち》らす勢いで発表した。だが発売を始めたのは、その試作品のような「Mate《メイト》

30 Pro《プロ》」であった。

●アメリカに敗北し続けてきた日本

どうしてアメリカ政府が、世界的な大きな商売の邪魔をできるのか？　これは、世界自由貿易体制（フリー・トレイド・オーダー）に対する逆流である。いくら超大国でも、やってはいけないことだ。「国家安全保障（軍事、国防のこと）上の理由で」などと言うのは、負け犬の態度だ。先端技術《ハイテク》競争でアメリカは負けているということだ。みっともない。

先述したⒷ対《たい》中国強硬派の勢力がアメリカにいる。「中国を徹底的に叩くべし」の人々だ。このままでは、アメリカが負ける。「これは安全保障、すなわち国家の存亡《そんぼう》に関わる。だから、商売人、大企業どもよ、政府に逆らうな」ということである。こんな無理な話が、いつまで通ると思っているのか。実需《じつじゅ》や実体《じったい》経済を無視している。

アメリカのゴリ押しに対して、ヨーロッパ主要国（ドイツ、フランス、イギリス、イタリア）は、はっきりと、Ⓐ対《たい》中国ソフト派である。アメリカに対して、「貿易戦争《トレイド・ウオー》と保護

90年代のアメリカから日本への圧力とその目的

年代	項目	主な内容
1989－1992	日米構造協議	大店法改正、公共投資増額、商慣習の改革など
1993－1999ごろ	日米包括経済協議	1995年金融サービス合意など
1994－2009	年次改革要望書	商法改正、郵政民営化など
2009－	TPP（交渉参加要求）	高度な自由貿易、完全な市場開放

貿易主義（プロテクショニズム）をやめて、WTO《ダブリュティオウ》（世界貿易機関）が主導する自由貿易体制（フリー・トレイディズム）に戻りなさい」と言っている。ここで米国と欧州の西側同盟《どうめい》（The West ザ・ウェスト）が、崩れた。これは決定的に重要なことだ。

　アメリカ（トランプ）がG7《ジーセブン》（先進国首脳会議）で、グズグズ文句を言うものだから「特定の国、（アメリカのこと）が世界の自由貿易体制に逆らう動きをしているが、これに反対する」というG7の共同声明文を出すことができなかった。Ｇ７は、無用の長物《ちょうぶつ》となって、「こんな会議は要《い》らない」となりつつある。ロシアのプーチンは、「(一度、追い出されたから) 入りたくない。Ｇ20《ジートウエンティ》があるから、こっちでいい」と言った。本当はＧ８がロシアで、Ｇ９が中国なのだ。

　イギリスはすでにスマホの５Ｇを実施している。ファーウェイ社の基地局(電波塔)を大量に買っている。イギリスの国家情報部ＭＩ６《エムアイシックス》でさえ、「中国の５Ｇ用の通信設備を使っても、国家機密の漏洩《ろうえい》は起きない」と、声明を出した。ドイツもフランスも同じ態度だ。イタリアは、中国の「一帯一路《いったいいちろ》」〝One Belt, One Road〟の大《だい》構想にヨーロッパの主要国でいち早く参加表明した国である。ヨーロッパ諸国は中国との商売《ビジネス》を政府が率先してやっている。アメリカは、孤立している。

　ロシアは中国の肩を持つ。このことは、はっきりしている。おそらく、米中の貿易戦争は、「スマホ戦争」になってしまった。スマホは私たちの生活にぴったり身近である。これらのＩＴ《アイティ》の先端技術《ハイテク》のことなど、私、副島隆彦が、そんなに知っているわけがない。分からないのに、この半年、本当に勉強した。知っている人たちから、あれこれ、しつこく聞いた。４００本ぐらいの記事や評論文を読んだ。ほとんどは、理科系の技術者やハイテク・ライターたちの文だ。

日本人は、知識層（文科系の大学教授たちを含めて）が、世界で通用している政治思想の各流派や金融経済の思想骨格を、ほとんど知らない。だが、IT《アイティ》の専門知識だったら、世界基準で見て、かなり高度なことを知っている人が、たくさんいる。

旧《きゅう》郵政省の電波・通信官僚たちは、ヒドい目に遭《あ》った。ワルの孫正義《そんまさよし》を先頭に仕立てて、1990年代に「第2電電に市場を開放せよ」で、攻め込んできたときに、ボロボロに打ち破られ、さんざん煮え湯を飲まされた。恨《うら》み骨髄《こつずい》である。孫正義の後ろには、アメリカの政府高官とロックフェラー財閥がついている。孫正義の直接の親分は、スティーブ・シュワルツマン（Steve Schwarzman　巨大投資会社ブラックストーン会長）である。彼らに逆らったら、叩きのめされる。日本の首相や大臣たちにまで、脅しの電話が直接かかってきた。

旧NTTの副社長や、郵政省（今は総務省の中）の電波官僚たちが、何人も過労死や不審死で死んでいる。すべて自殺扱いになった。それぐらい、先端技術をめぐるハイテク、IT戦争というのは恐ろしいのだ。だから、日本の役人たちも電波、通信のことは、世界基準でかなりのことを知っている。

1989年に始まったＳＩＩ《エスアイアイ》（ストラクチュアル・インペディメント・イニシアティヴ）「日米構造協議《にちべいこうぞうきょうぎ》」と、それに続く「対日《たいにち》　年次《ねんじ》改革要望書」で、日本はアメリカに完全に叩きのめされた。

インペディメント（impediment　障害物）とは、「職場で通用しない邪魔者」とか「言語障害者」のことだ。「その人が話している言葉が、相手に通じない」という意味である。日本人は、アメリカ人から見たら、何を言っているのか訳《わけ》が分からない言語障害者（インペディメント）扱いなのである。アメリカさまが、「よーし。それなら、私たちが言っていることの意味を無理やりでも分からせてやる」ということで、頭ごなしの強硬な態度に出てきたのである。それが、1991年が山場となったＳＩＩ「日米構造《こうぞう》協議」であった。こんな人を馬鹿（土人扱い）にしたＳＩＩ《エスアイアイ》のＩ《アイ》の「インペディメント」という言葉を、よくもぬけぬけと外交交渉の表題《タイトル》に掲《かか》げたものだ。私たちはこんなに情けない国民なのだ。大きな真実を分かりやすく説明する知識人がいない。

あのときアメリカは、「いくら言っても言うことを聞かない日本に、どのようにして言うことを聞かせるか」と、戦略を練《ね》って攻めてきた。そして、日本は完全に屈服した。打ちのめされた。日本が当時「電子立国《でんしりっこく》」と威張った世界一のハイテク、ＩＴ技術は、鼻をへし折られた（1991年）。電機会社の大手たちは、それ以上の研究開発（R&D、リサーチ・アンド・デヴェロップメント）をできなくさせられた。それから日本はずっと28年間も苦境で、かつ大不況だ。哀れなものだ。

「日米構造協議」の6年前（1985年）に行なわれた「日米半導体交渉」で、このとき、すでに〝産業のコメ〟と呼ばれていた日本の電機メイカー各社の初期の素朴な汎用《はんよう》半導体（「256《ニゴロ》」と呼ばれた）の、世界一だった製造技術は、韓国と台湾に、巧妙に移転させられた。それが、今の韓国のサムスンと台湾のホンハイの隆盛なのである。アメリカ政府が念入りに計画した。米商務省の高官で対日《たいにち》交渉官だったクライド・プレストウィッツが、このあと『日米逆転』〝Trading《トレイディング》 Places《プレイシズ》〟（1988年刊）で、秘密をそれとなく暴いてくれた。私はこの本を読んだ。プレストウィッツは本物のアメリカ知識人で正直な人だった。

このあと1995年の「日米自動車交渉」で、アメリカは、誰も買いたくない、アメ車のボロ車《ぐるま》（故障ばっかりする）を、無理やり日本に買わせた。なんと日本車のディーラーの店頭にアメ車を並べることまでさせた。だが、「自動車交渉」は表面の目くらましで、本当は、ビル・クリントン政権は、このとき日本の金融を叩き潰しに来ていた。日本の金融業が狙われたのだ。

１９８５年当時、米モトローラ社と、テキサス・インストゥルメント社の半導体は、欠陥品が多くて、日本の電機メイカーから鼻で笑われていた。あのときの日米構造協議で、ＵＳＴＲの事務方《かた》スタッフの中に、若いライトハイザーが参加していたのだ。

アメリカは、あのときとまったく同じ手口と内容で、中国に対して去年（２０１８年）４月から、貿易戦争《トレイド・ウオー》として仕掛けて攻めたてた。

だが、中国にはそれは通用しない。中国は日本の大敗北をしっかりと、細かく研究していた。日本の失敗から学んでいる。だからこの経済戦争は、どうやらアメリカの負けだ。米中貿易戦争は、泥沼に嵌《はま》ったまま、このあともズルズルと続く。

第4章

米国GAFA《ガーファ》対中国BATH《バス》の恐るべき戦い

●アリババ（BATHのA）の金融商品が与えた衝撃

前章から続いて本章で、「スマホ戦争」を深く掘り下げる。

「ＧＡＦＡ」（ガーファ）というコトバが、よく使われるようになった。グーグル（Google）、アマゾン（Amazon）、フェイスブック（Facebook）、アップル（Apple）の頭文字《かしら》を集めた、アメリカの４つの巨大ＩＴ企業のことだ。左の表にあるとおり、これらアメリカのＩＴ企業群が、今の世界株式時価総額の第１位から独占している。今はマイクロソフトが１位だが、ＧＡＦＡで２位から５位を占めている。

しかし、ＧＡＦＡの衰退がすでに始まっている。アメリカ政府による、これらＩＴ銘柄を中心にした無理やりの株価の吊り上げが、いつまで保《も》つかだ。時価総額が１兆ドルを達成（アップルは２０１８年８月２日。アマゾンが２０１８年９月４日）したら、下落が始まった。

これに対して中国勢は、アリババが４５２８億ドル（49兆円）で7位、テンセントは４００９億ドル（43兆円）で8位。中国のＩＴハイテク企業が、世界で時価総額のベスト10

米IT業界が株式時価総額の世界1位からを独占

	順位	2018年12月末	2019年2月末	2019年8月末
1	マイクロソフト 2019年4月26日に1兆ドル突破	7797億ドル	8595億ドル	1兆520億ドル （108兆円）
2	アップル 2019年8月2日に1兆ドル突破	7485億	8165億	9422億
3	アマゾン 2019年9月4日に1兆ドル突破	7344億	8055億	8787億
4	アルファベット（グーグル）	7235億	7808億	8247億
5	フェイスブック	3767億	4608億	5297億
6	バークシャー・ハサウェイ	5026億	4957億	4971億
7	アリババ（中国）	3525億	4707億	4528億
8	テンセント（中国）	3800億	4092億	4009億
10	JPモルガン・チェース	3246億	3417億	3513億
12	ジョンソン&ジョンソン	3461億	3639億	3388億
13	ウォルマート	2706億	2876億	3262億
15	エクソン・モービル	2887億	3347億	2897億
22	サムスン電子（韓国）	2308億	2659億	2457億
43	トヨタ自動車	1609億	1761億	1850億 24兆円（2019年9月）
56	シティグループ	1354億	1663億	1456億
93	ソフトバンクグループ	710億	1011億	965億 9.6兆円（2019年9月）

（各社決算と主要取引所から副島が集計）

に顔を出した。このアリババとテンセントに、バイドゥ（百度）とファーウェイを加えて、中国の4大IT企業を「BATH」（バス）と呼ぶようになった。名づけ親は多摩大学大学院フェローの沈才彬《しんさいひん》氏だそうだ。少し前まではバイドゥ（B）、アリババ（A）、テンセント（T）の3社で「BAT」だったのだが、ここにファーウェイ（H）が入った。『GAFA×BATH』（2019年、日本経済新聞出版社刊）という本で、GAFAとBATHの合計8社の事業と戦略を分析して、日本人読者向けに説明したのは、田中道《たなかみち》昭《あき》立教大学ビジネススクール教授である。少しだけ引用する。

（GAFAとBATHを）分析にあたっては、そもそもの事業ドメイン（事業の領域）から次のように分類し、比較していきます。
・アマゾン×アリババ　（Eコマースからスタートした2社）
・アップル×ファーウェイ　（「メーカー」「ものづくり」からスタートした2社）
・フェイスブック×テンセント　（SNSからスタートした2社）
・グーグル×バイドゥ　（検索サービスからスタートした2社）　（同書P4）
アリババは、実質的な資金量もメガバンク並み……金融商品「余額宝《ユエバオ》」の預かり資産

GAFA《ガーファ》対BATH《バス》の株価（最近の5年間）

G グーグル（アルファベット） **1208ドル**

B バイドゥ **102ドル**

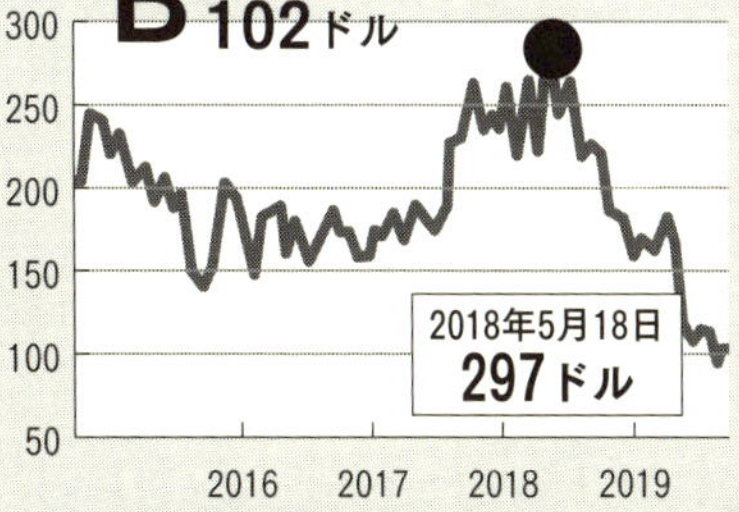

A アマゾン **1732ドル**

A アリババ **168ドル**

F フェイスブック **179ドル**

T テンセント **326ドル**

A アップル **227ドル**

H ファーウェイ **非上場**

このうち、GAFAとバイドゥはナスダックに上場。アリババはNYSE（NY証券取引所）である。テンセントの株は香港市場（会社名の下の株価は2019年10月8日現在のもの）。

額が、わずか4年で世界最大に膨れ上がり、約2110億ドル（22兆円）にまで増加……これは2位のJPモルガン・アセット・マネジメントが運用するMMFの2倍以上に相当。（同書P80）

テンセントは、次世代自動車産業にも乗り出して……米国の電気自動車メーカー・テスラの株式を5％保有しているほか、2016年12月にはドイツHERE《ヒア》社と戦略的な包括提携を結び……HEREは、米国グーグルと並ぶ高精度3次元地図のプロバイダーで……自動運転の生命線となるデジタルインフラ構築にはこの技術が必要。（同書P211）

この本にある、アリババの金融商品「余額宝」（ユエバオ）とは、**アリババが超《ちょう》簡単な金貸し業（すなわち金融業）まで始めた**、ということである。単に代金の支払いと送金（合わせて決済《けっさい》。コンサートのチケット代とか）をスマホで超簡単にできる仕組みを作っただけではない。アリババとテンセント（騰訊控股《タアンシインコオングウ》）は、クレジット会社、カード会社、そして銀行にまでなってしまったのだ。

このことの衝撃は大きい。「余額宝《ユエバオ》」によって、14億人（本当は15億人いる）の中国人は、きわめて簡単にサラ金の融資まで受けられるようになった。その人への与信力《よしんりょく》（信用度）が即座に決定され、日本円で1万円から100万円（金利は3％程度）が、すぐに借りられる。

だから第1章で私が書いたとおり、「銀行は潰《つぶ》れる（銀行消滅）」なのである。日本の「お財布《さいふ》ケータイ」が、中国では、ついにここまで進んだのである。この事態（実態）を甘く見ている者たちは、自分が「前世紀の遺物《いぶつ》」になっていることに自覚がない愚か者である。世界は中国に負けたのだ。

ネット決済（デジタル・マネー）によって、アリババ社の中に「アリペイ」から生まれた余裕資金が蓄積された。それが前記の「2110億ドル（22兆円）」に上《のぼ》った。この資金が「余額宝《ユエバオ》」によって、ネット貸付け（融資）および貯蓄手段にまでなった。このネット銀行業は2013年から始まった。このとき、西側同盟《ザ・ウエスト》（米、欧、日の先進の高度金融資本主義）は、決定的な敗北を喫した。人類史（世界史）がここで動いたのだ。

スマホの画面上で手軽に「余額宝」という貯金手段（金融商品。定期預金だ）を購入できる。金利も年率2・3％ぐらいがつく。中国人の間で、これが爆発的な大人気商品になった。外国人は買えない。アリババは、ここに集まった資金（これがファンドだ）を、世界中の大銀行を相手に運用して、さらに資産をどんどん増やした。

●追い詰められたアップル社

グーグル以下、インテル、マイクロン・テクノロジー、アップル、マイクロソフト、ブロードコムなどの巨大IT企業たちが、アメリカ政府（商務省）に、「ファーウェイとの取引停止は、わが社の経営に重大な支障をきたす」と要望書を提出したことは、第3章で書いたとおりである。

米中貿易ハイテク戦争で窮地《きゆうち》に陥《おちい》ったのは、グーグルだけではない。GAFAの「A」の一つ、アップルが、いちばん追い詰められた。

繰り返して書く。9月1日に米政府が発動した対中国制裁関税「第4弾」で、10月15日から、アメリカで販売中の約50品目のアップル製品のうち、スマートフォンやノートパソコンなどを除外した、6割強に15％の追加関税が課された。これでもまだ中国でスマホのほとんどを作っているアップルへの打撃は大きい。

トランプは、「アップルが中国で生産するコンピュータ部品について、輸入関税の適用免除やその他減免、特別待遇はしない」と発言した。これはウソだ。他の会社たちの手前、特別待遇（えこひいき）はできない。だが、やっている。アップルが中国（ホンハイ他）にスマホの製造を任せたのはティム・クックの判断である。創業者のスティーブ・ジョブズではない。

「米アップル、時価総額4・6兆円吹き飛ぶ　中国依存の代償鮮明に」

米アップルの中国依存は、同社にとって最大のハンディキャップと化しつつある。8月23日の米株式市場で、アップルの時価総額は440億ドル（約4・6兆円）吹き飛んだ。中国政府と米政府が相次いで相手国への関税措置を発表したためだ。iPhone（アイフォーン）のほぼ全てが生産されている中国の大規模製造拠点（引用者注。鴻海精密工業《ホンハイ》、中国名富士康《フォックスコン》が、ほとんど下請けで製造している）に注目が集まり、同社株はダブルパンチを受けた格好だ。

トランプ米大統領は週末、米企業に対し「中国での製造の代替を直ちに探し始めよ」と命じた。ウェドブッシュ・セキュリティーズのアナリスト、ダニエル・アイブス氏によると、「これはアップルにとって全く準備ができていなかった事態だ」という。

アイブス氏は「最良のシナリオでも、アップルが（これからの）1年半の間に中国から（製造依頼を）移転させることができるのは、アイフォーン生産の5％から7％（だけ）だ」と予想する。「20％の移転に3年必要だ」と付け加えた。それでも、アップルが米国内市場向けに必要とするアイフォーン生産の25％弱にとどまる。中国から輸入する製品に対して米国政府がかける関税は、アップルの最大の収益源に直接、影響する。

（日刊工業新聞　2019年8月26日）

この記事にあるように、「アップルの中国依存度」は、ものすごく高い。90％という。中国では、鴻海精密工業（フォックスコン）を筆頭に、和碩聯合科技（ペガトロン）、緯創資通（ウィストロン）社が、工場でアップルの製品を受託生産（EMS《イーエムエス》）している。それらの工場では、何十万人もの中国人が働いている。

組み立て工場の他に、半導体や基板などの電子部品《デバイス》を、アップル社に納入する業者（サプライヤー）が中国に無数にある。ロイターの調査によれば、アップルのすべてのサプライヤーのうち、実に47・6％が中国に拠点を置いているという。中国はアップルにとって生命線だ。

●トランプはアメリカ帝国の墓掘り人になる

アップルのティム・クックCEOは、8月15日の夜にトランプに呼び出されて会談した。本当は、ものすごく深刻な話し合いである。場所はニュージャージー州（NYの東《ひがし》隣《どなり》。日本で言えば埼玉県）にあるトランプのゴルフ場のクラブハウスであった。トランプはトゥイッターで、事前は威勢よく「今夜（8月15日夜）、アップルのティム・クックと一緒に食事する。彼らは米国内に巨額な投資をする（製造拠点を国内に移して、アメリカ国民を雇用する）。素晴らしい」と書いた。

結果は、そんな生易《なまやさ》しい内容ではない。トランプは、今にも泣き出しそうなティム・クックに対して、「お前の会社の実情は、そんなにヒドいのか」と呆然《ぼうぜん》としたはずなのだ。「ええ、このままだと、ウチは潰《つぶ》れます」とティム・クックは正直に言った。

トランプは、自分が後先《あとさき》を考えないで中国とのハイテク戦争を始めたことに、内心、忸《じく》怩《じ》たるものがある。そのくせに、虚勢だけは張り続ける男だ。本性《ほんしょう》は詐欺師《コン・マン》なのである。周《まわ》りに法螺《ほら》を吹いて、発破《はっぱ》をかければ何とかなる、と思う男だ。

だから、私はトランプの当選（２０１６年11月）を冷酷に予言して当てた人間であるが、最初から「トランプは、アメリカ帝国の墓掘り人（grave digger　グレイブ・ディガー）になる」と周囲の人々に言い、本にも書いた。

この会談のあと、トランプは記者団《プレス・コー》の前で、「アップルは米国の素晴らしい会社だから、短期的には彼を助けなければならない」と、訳の分からないことを言った。「（アップルを）特別待遇しない」と言っていたトランプは、ここで態度を変えた。

「アップルCEO、対中関税に懸念　トランプ大統領「考慮している」」

トランプ米大統領は8月18日、中国からの輸入品に対する関税の影響を巡りアップルのティム・クック最高経営責任者（ＣＥＯ）と意見を交わしたことを明らかにした。

トランプ大統領が記者団に明らかにしたところによると、クック氏は対中関税について、「韓国サムスン電子の製品が対象にならないことを踏まえれば、（引用者注。サムスンと競争している）アップルにとって打撃になる」と懸念を示した。

トランプ氏はこれについて「非常に説得力のある意見で、考慮する」とコメントした。トランプ氏の発言を受けて米株価指数先物《インデックス・フユーチャー》は上昇。トランプ氏は、アップルに関して発言する前のツイッターでは、「米政権は中国と非常にうまくやっている」と述べていた。

アップルが中国で生産するノートパソコンとiPhoneに対する追加関税の発動は、12月15日に延期することが決まった。だが、イヤホンの「エアポッズ」、腕時計型端末「アップルウオッチ」、スマートスピーカー「HomePod《ホームポッド》」などは（の製品については、予定どおり）９月１日に追加関税が課される。

（ロイター　２０１９年８月18日）

こうやって制裁（懲罰《ちようばつ》）関税は、ズルズルと先延ばしになる。こんな杜撰《ずさん》なやり方で、中国の首を絞《し》めることができる、と考えている。実際は、自分がアップル社の首を絞めているのだ。トランプというのは、こういう不定見《ふていけん》の男だ。思慮深《プルーデント》くないのだ。こんな不見転《みずてん》の暴れん坊を大統領に選んだアメリカ国民の不幸だ。

それでも、競争相手のヒラリー・クリントンよりは、ずっとまし、だった。ヒラリーが大統領になっていたら、今ごろは確実に、中国と本物の戦争《ウォーフェア》になっていた。互いの弾道《バリスティック》ミサイルが飛び合っていただろう。このことは確実に予測される事態だった。私は2015年3月刊の『日本に恐ろしい大きな戦争（ラージ・ウォー）が迫り来る』（講談社）のまえがきで、そのように書いた。ヒラリーが当選しなくて本当に良かった。

このトランプとティム・クック会談のあと、9月にアップル社がUSTRに申請していた関税《タリフ》の免除が認められた。15件のうち10件が認められた。その中に新型商品の「Mac《マック》 Pro《プロ》」の主要な部品が含まれていた。

「新型マックプロは米国生産　アップル、制裁関税除外で」

米アップルは9月23日、今秋発売予定の専門家向けパソコン「マックプロ」を米国で生産すると発表した。中国からの輸入品を対象とする制裁関税で、米政府が同製品の部品を関税対象から除外すると決定したためという。

2019年前半の ブロックチェーン特許申請件数

順位	企業名	国	件数
1	アリババ(アント・フィナンシャル)	中国	322
2	中国平安	中国	274
3	nChain(エヌチェイン)	アンティグア・バーブーダ	241
4	杭州複雑美	中国	122
5	IBM	アメリカ	104
6	衆安科技	中国	99
7	バイドゥ(百度)	中国	90
8	元征科技	中国	86
9	中国聯通(チャイナユニコム)	中国	81
10	マスターカード	アメリカ	79
11	網心科技	中国	74
12	趣鏈科技	中国	66
13	テンセント(騰訊控股)	中国	66
14	京東(JD. com)	中国	59
15	シーメンス	ドイツ	55
16	中鏈科技	中国	52
17	点融	中国	51
18	全鏈通	中国	46
19	泰康	中国	41
20	アクセンチュア	アイルランド	37

出所　仮想通貨Watch　https://crypto.watch.impress.co.jp

アップルは、スマートフォンなど多くの製品を中国で生産している。だが、マックプロの前のモデルは米国製だった。米メディアは6月に「(アップル社は)新型モデルを中国へ生産移管する」と報じていた。部品(を世界中からアメリカ国内に集めるため)の輸送コストを理由に挙げていた。

アップルによると、新型マックプロは、前モデルと同じ米テキサス州オースティンの工場で、生産を近く開始する。ティム・クック最高経営責任者(CEO)は、「この機会を可能にしてくれた(トランプ)政権に感謝している」と述べた。

(共同通信　2019年9月24日)

このように、アップルは意地を張って新型 Mac Pro だけは、中国ではなく、アメリカで生産すると決めた。トランプが言い続けてきた「米国内で作れば関税は(かからないのだから、そもそも)ゼロだ!」の路線に乗った。

ここで余談をする。今、米軍全体で、PCは部品からすべて日本製であるパナソニックの「レッツノート」を使っている。アメリカでは「タフ・ブック」と言う。5年前までは、東芝の「ダイナブック」をすべての米軍人に使わせていた。パナソニックの「タフ・ブック」は、半導体から基板まで中国製品が使われていない。「中国に情報を盗まれないように」という決断による。

中国製の通信機器の部品の中に、「バックドア」と呼ばれるマルウェア（悪さをするソフト）が組み込まれていて、情報が盗まれている、とアメリカ政府は考えている。ところがアメリカ政府は、ファーウェイ社の製品から、そのバックドア（裏口の漏出装置）を発見したという証拠をまったく提出していない。それなのに「中国製品にはバックドアが隠されている」と言い続けている。

自分たちこそ、NSA《エヌエスエイ》（National《ナショナル》 Security《セキユリティ》 Agency《エイジエンシー》　国家安全保障局）が、“PRISM”（プリズム）という情報窃盗《せっとう》のシステムを世界中で動かしていた事実に頬被《ほおかぶ》りして、しらばっくれている。グーグルもアップルもフェイスブックも、全部アメリカ政府に協力させられていた。オラクルという会社が設計した。このPRISMの存在は、内部告発者《ホイッスル・ブローアー》のエドワード・スノーデン氏によって暴かれた。

●アリババの歴史と全体像

BATH《バス》の「A」のアリババは、P185の表にあるとおり、ブロックチェーンの特許の申請件数で世界第1位である。

ブロックチェーンは、日本語では「分散型台帳《ぶんさんがただいちょう》」と訳される。このブロックチェーン（分散型台帳）というのは、2017年から「ビットコイン」で騒がれた、仮想通貨（世界基準では「暗号通貨」crypto currency《クリプト カレンシー》と言う）の中心、心臓部の理論《セオリー》である。ブロックチェーンとは、例の鉄の輪（ブロック）が連なる（チェーン）鉄製の鎖《くさり》のことだ。鉄の輪（ブロック）の一つひとつが、独立しながら、鎖になって繋《つな》がるという理論である。案外、みんなこのことを知らない。ブロックチェーン理論によって、「コンピュータが1台ずつ、バラバラでありながら繋がっている」という技術が生まれた。この技術がスマホ決済（デジタル・マネー）に応用された。

アリババの子会社の、アント（蟻《あり》）・フィナンシャル社が、第1章で説明した「アリペイ」を運営している。このアリペイが、ネット決済（スマホ決済）を行なっている。そして預金と融資までする。このアント・フィナンシャル（アリババ）が、ブロックチェーンについての新しい特許を、今もものすごい数で申請している。ということは、アリババは次世代の仮想通貨で、世界に君臨することを狙っている。それはやがて（5年後）、中央アジアにできる新しい世界銀行《ワールドバンク》（新《しん》世界通貨体制）を支える技術となるだろう。

アリババの創業者であるジャック・マー Jack Ma（馬雲《ばうん》）が、9月10日に会長（董事長主席）を退任した。この日は自分の55歳の誕生日で、ちょうど1年前に「私は来年に引退する」と公言した。何が起きていたのか？

このアリババのジャック・マーの株を、ソフトバンクの孫正義《そんまさよし》が大量に持っている。

アリババが創業してすぐ（1年後）の２０００年1月に、孫がポンと20億円（２０００万ドル）を出資して大株主《おおかぶぬし》になった。これはブラックストーンの会長（ＣＥＯ）のスティーブ・シュワルツマンの指図《さしず》によるものだ、と私は知っている。この事実が重要だ。前のP167で述べたとおりである。ジャック・マーの親分もシュワルツマンなのだ。

以下に引用する日本経済新聞の記事に、「（私は）馬氏と会って5分で（出資を）決めた。彼の目にカリスマを見た。２０００年、北京市内のホテルで初めて馬氏に会ったとき、その場ですぐにこう感じた」とある。こういう馬鹿みたいなウソ神話が、多くの場所で語られる。真の背景は何か？

「アリババ激動の20年　創業者ジャック・マー会長退任」

（ジャック・マーは）アリババには来年（２０２０年）７月の株主総会までは董事《とうじ》（平《ひら》の取締役）としてとどまる。だが、経営トップの職は１年前に自らが後継指名し、発表した張勇《ちょうゆう》（ダニエル・チャン）最高経営責任者（ＣＥＯ）に譲る。

「私たちには３つの目標がある。１０２年続く企業にする。中国の中小企業に対してサービスを提供する。世界最大の電子商取引（ＥＣ《イーコマース》）の企業になる」。１９９９年、馬氏は同志となった17人の創業メンバーの前でこう語り、アリババを創業した。（略）

創業からわずか20年で、次々と成果を出し続けてきた馬氏。馬氏の最大の強みは、ユーモアたっぷりの話術を武器に、人を引きつける力だった。創業間もない頃に出会ったソフトバンクグループ会長兼社長の孫正義氏もそんな馬氏の魅力にはまった一人だった。

「馬氏と会って５分で決めた。彼の目にカリスマを見た」。孫氏は２０００年、北京市内のホテルで初めて馬氏に会ったとき、その場ですぐにこう感じたという。設立からまだ1年の中国の名も知れぬ小さなIT企業に、約20億円もの大金の出資を即決した。孫氏の信頼を得た馬氏。2007年にはソフトバンクグループの取締役に就任するなど、2人は強力な盟友関係を築き、両社でビジネスを一気に広げていく。（略）

アリババは中国経済の波にもうまく乗りながら急成長を遂げ、創業から15年目の2014年、米ニューヨーク証券取引所（NYSE）に念願の上場を果たした。「私の物語は15年前に訪れたアメリカで始まったのです」2014年9月、馬氏は満面の笑みを浮かべてこう語った。……初値は公開価格を3割超も上回り、時価総額は2300億ドル（25兆円）を超え、中国企業の勢いを世界にまざまざと見せつけた。トヨタ自動車の時価総額をも超え、馬氏自らも巨万の富を得た。（略）

後継者の育成を進めながら、アリババは順調に成長を続ける。2016年にはついに小売市場における取引総額が50兆円を突破し、2018年には90兆円を超え世界最大の流通企業となった。快進撃は止まらず、2017年からはスマートフォンを使ったキャッシュレス決済「支付宝《ジーフーバオ》（アリペイ）」を爆発的に普及させ、今や中国に欠かせない社会インフラに育て上げた。

（日本経済新聞　2019年9月10日）

これがアリババの歴史と全体像だ。実に分かりやすい。1999年の創業から、たった20年（2019年）で、アリババ（とテンセント。こっちは半分国営企業）は、世界の金融業をガラリと改変、改造するところまで来てしまった。たかが、ただの電気通信のスマホ屋が。ついに銀行《バンク》というもの（banco　バンコ。イタリアの商人たちが板《バンコ》［テーブル］の上で取引をした。ここから銀行業が始まった）を追い詰めて、今、銀行消滅にまで至ろうとしている。すなわち、中国の勝ちである。

今の今でも、まだアメリカの金持ち（普通の人でも）は、小切手帳を持っていて、月《つき》60ドルとかの電気代を小切手で（郵送で）払っているバカがたくさんいる。本当にいる。何ということだろう。だから、ずっと威張ってきた西洋白人たちの時代が終わろうとしている。

ヨーロッパ白人文明（＝近代《モダーン》）が始まって、ちょうど500年（1500年代。16世紀から）なのである。たかが500年だ。西欧近代は、500年前のオランダ（スペインからの独立戦争の最中《さなか》に）で生まれた。近代板《モダーンバンコ》（銀行《バンク》）は、オランダのブルージュの、メディチ家（世界一の富豪だった）のブルージュ支店から始まった。この西暦1490年ごろは、イタリアのルネサンス運動（ミケルアンジェロが代表）の最盛期である。

●ソフトバンク、7000倍の資産膨張

孫正義が、ジャック・マーと初対面で、5分で20億円の出資を決めた、ということは、すべて計画どおりだった。孫の後ろには米ロックフェラー財閥がいる。日本のNTTを「第2電電、通信革命」で叩きのめしたのもロックフェラー財閥だ。彼らは通信革命の行《ゆ》く末《すえ》を初めから知っている。孫正義は、その忠実な在日《ざいにち》の家来《けらい》で尖兵《せんぺい》だ。

アリババも、ロックフェラー財閥の意思で、インターネットIT《アイティ》革命の一部として初めから作られた。孫正義が初めに植えた20億円が、今、14兆円にまで膨張して、孫正義（ソフトバンクグループ）の資産の中心になっている。実に、7000倍！になったのだ。

2019年6月4日に、ソフトバンクは、「アリババ株関連の一部売却で1・2兆円の会計上の利益を計上した」と発表した。持っていたアリババの株の売却益と、関連するデリヴァティブ（金融派生《はせい》商品）の取り崩しで、1・2兆円を作った。この金はすぐにアメ

リカに差し出されて、アメリカ国内に半導体工場を作る資金に回された。サウジアラビアのムハンマド王太子と共同出資だ。

以下の「孫正義《アラジン》と魔法のランプ」は、傑作の新聞記事である。

「ソフトバンクG《グループ》、「魔法のランプ」アリババの威力」

ソフトバンクグループ（SBG）は、2019年4月〜6月期にアリババ株の売却益や関連する金融派生商品で、1・2兆円の連結（での）税引き前《まえ》利益を計上する。2019年3月期通期の税引き前利益（約1・7兆円）の7割をすでに稼いだことになる。今期にトヨタ自動車を抜いて「利益日本一」となることが視野に入った。

今回計上する利益は、2016年の金融派生商品《デリヴァティブ》を活用した資金調達に伴うものだ。アリババ株の売却益4600億円と、関連する金融派生商品の利益7400億円を（合わせて）計上する。このうち金融派生商品部分については、過去に損失が発生しており、通算すれば損益はほぼトントンだ。孫正義会長兼社長も「会計上の利益に目線を置いて経営をしていない」という（引用者注。経営者は、余計な税を払わないで済むように、「損益通算」で収支トントンになるように決算書を作る）。それでも、

ソフトバンクの真実の資産
14兆円は、すべてアリババ株

孫正義と
アリババのジャック・マー

2人の親分、スティーブ・シュワルツマン（投資ファンド、ブラックストーンのCEO）

マードックと

写真　AFP＝時事（上2点）
　　　時事（下）

1996年6月、ソフトバンクは“世界のメディア王”であるルパート・マードックと組んで、テレビ朝日の株を417億円で買収した。

ところが、これが「敵対的買収だ」と非難されて、翌年、朝日新聞社にそっくり高値で売り渡した。テレ朝乗っ取りは失敗した。だが、孫正義という恐ろしい男が、このとき日本に初登場（初上陸）したのだ。

アリババ株の一部を手放した効果は小さくない。４〜６月期の１・２兆円の税引き前利益はその対価といえ、上場企業全体の業績を揺さぶるほど大きな存在となった。

もっとも、アリババの威力は１・２兆円の利益だけを見ていては間違える。最も重要なのは、ＳＢＧの巨額資金を調達する源泉としての役割だ。

ＳＢＧは２０１６年に、アリババ株の売却などで１００億ドル（約１兆円）を調達した。うち34億ドルはアリババや投資ファンドに直接売却し、残りの66億ドルは金融派生商品を活用して調達した。このほかにも、アリババ株を裏付け資産とした借り入れで18年３月期に８４２３億円、19年３月期に１６１０億円を調達している。アリババ株を活用した借入残高は19年３月末で５５７１億円に上る。

これだけの資金調達を可能にしているのは、アリババ株の巨額な含み益だ。**アリババは時価総額が48兆円を超え、このうち（日本の）ＳＢＧの保有分は14兆円に達する**。２０００年に孫社長がアリババ創業者、ジャック・マー氏を見込んで投じた20億円が元手となり、保有株時価が数千倍（引用者注。正確には７０００倍）に膨《ふく》らんだ。ＳＢＧの投資事業で最大の成功例だ。

（日本経済新聞　２０１９年７月18日　太字などは引用者）

このように孫正義は、「アリババと40人の盗賊（同志）」であるジャック・マーのアリババ株14兆円を使って、さらに錬金術《れんきんじゅつ》をやっている。これが孫正義の「魔法のランプ」だ。孫正義がアラジンだ。そしてアリババ株が「魔法のランプ」だ。まさに「孫正義と魔法のランプ」だ。すごいもんだな。７０００倍だよ。この記事を書いた日経新聞証券部の井川遼記者は、きちんと見抜いている。えらい。

今から20年前の１９９９年に、日本で同じことが起きていた。今やなつかしい「渋谷《シブヤ》ビットバレー」のＩＴ革命で、「あなたの資産は数百倍に」と騒がれた、あれだ。あのとき孫正義のヤフー・ジャパン（ヤフー株式会社。この10月１日に、またしても社名変更だ。今度は「Ｚホールディングス」だと）は、最初の１５０万円が、１億７０００万円に株価が急上昇（ロケット・シューティング）した。ヤフーは、１９９７年に、ＪＡＳＤＡＱ《ジャスダック》市場に店頭登録した。この年につけた安値の１５４万円が、２０００年２月22日に１億６７９０万円になったのだ。実に１１０倍になった。たったの３年間である。ヤフーは２００６年までに13回の株式分割《ぶんかつ》をやって、ブカブカに株式数を膨《ふく》らました。この株式分割で株価を上げた。

この直後、2000年2月末に突然の「ネット・バブル崩壊《バースト》」で、みんな大損して、アブクの夢に終わった。仕組んで仕掛けたロックフェラー財閥と、その子分たちだけは、そのまま前進《マルシヨン》して、次の儲け口の中国で7000倍のカネにした。すごいものだな。これが「資本主義の爆発力」というやつだ。初めから分かっている者たちは、分かっている。世界はいつもこのように動いている。

●貿易戦争からハイテク戦争、そして金融戦争へ

孫正義は、直接の親分のシュワルツマンの指図どおりに動いているだけだ。25年前からずっとそうだ。

ところが、なんとアリババのジャック・マーは、同じ親分であるシュワルツマンに逆らった。これはスゴいことになった。馬雲は言い放った。

「私は中国人だ。私は中国共産党員だ。中国を裏切らない」と。すなわち、アリババはアメリカに渡さない、と。このとき、アメリカ側は仰天《ぎようてん》したはずだ。

マーは、「急いで500億ドル（5兆円）を作って差し出せ。それでアメリカ国内に半

導体の工場を作るんだ」というトランプのＩＴ戦略（これが、このあとの米中貿易、ハイテク戦争になる）を、拒絶した。ジャック・マーは、ものすごく苦しんだようだ。

アメリカ（トランプ）と中国共産党の板挟《いたばさ》みになって、マーは死ぬほど悩んだ。それが去年（２０１８年）の９月だ。そして、マーは決断した。「私は祖国中国を裏切らない。愛国者だ」と。だから、マーは「私は1年後（の９月）に辞任する」と決断した。

こうしてアリババは、アメリカに取り上げられないで済んだ。アリババは中国資本のままだ。この政治ドラマの真迫《しんぱく》を知るものは少ない。ノホホンと株の売り買いをやって小銭稼ぎをしている程度のお庶民には、どうせ分からない話だ。世界覇権をめぐる闘いというのは、これぐらいに激しいものなのだ。

私は、２００６年（13年前）に、1冊の本（2巻本）を出している。これは翻訳書である。「中国とアメリカの最先端での関係について」私が翻訳しながら本気で勉強した本だ。書名は（私が勝手に決めたのだが）『次の超《ちょう》大国は中国だ　とロックフェラーが決めた』（徳間書店）である。この本はよく売れた。原書の書名《タイトル》は“The《ザ》 New《ニュー》 World《ワールド》 Order《オーダー》 Exposed《エクスポウズド》, 2003”で、著者はヴィクター・ソーン Victor Thorn 氏である。彼は２０１６年６月、大統領選挙の最中《さなか》に、ヒラリー派によって暗殺された。

アメリカは、自分たちを裏切ってアメリカ政府の戦略に逆らったアリババを許さないだろう。最近の10月2日に、ニューヨーク・タイムズ紙に「アメリカ政府はアリババ株をNY株式市場（NYSE）から上場廃止にすることを検討」という記事が出た。だから孫正義に、「アリババ株をさっさと売れ。株価が高いところで、どんどん売り払え」と、指図するだろう。大変なことである。今後の動きを私は注視する。それでも、BATHの一角のA（アリババ）とH（ファーウェイ）をNY市場で潰してしまうと、NY市場全体がガラガラと崩れる。大損するのはアメリカ人の投資家たちだ。

これが米中貿易戦争の、資金面での大激突である。**ハイテク戦争は金融戦争になったのである。**そして、その中間で「板挟みで絞《し》め殺される日本」である。

だから、孫正義とソフトバンクの最大の秘密は、このアリババ株14兆円（1400億ドル）である。アリババ株の株式時価総額が今、4500億ドル（48兆円）だから、孫正義が持っている14兆円は、そのうちのちょうど3割で、最大株主だ。

このアリババ株は、孫個人のものか、ソフトバンクのものか分からない。巧妙にここを誤魔化《ごまか》して、わざと複雑な形にして、このことを孫は税逃れ（脱法《だっぽう》）の手口《てぐち》にしている。この14兆円が、孫が宣伝しているビジョン・ファンド（ソフトバンクが２０１６年に設立した巨大投資ファンド）なるものの、原資と信用のすべてだ。「ソフトバンクの秘密」は、ここにはっきりと表われている。この14兆円のアリババ株とその他を担保にして、みずほ銀行他《ほか》から20兆円以上の大借金をしている。

かつてアメリカでは、「デイヴィッド・ロックフェラー（世界皇帝だった。ダビデ大王。２０１７年３月に１０１歳で死去）が苦境に陥《おちい》ったら、〝メディア王〟のルパート・マードックが助ける（力がある）」と言われていたころがある。孫正義を育てたのは、マードックでもある。他にもう一人、ロバート・マックスウェル（１９９１年死去）という先生もいた。

１９９６年の〝テレビ朝日乗っ取り事件〟で、マードックが日本に来て、孫と並んで写真に写っていた（Ｐ195を参照）。まるで「私がこいつの育ての親です。よろしく」と凄《すご》んでいた。このときソフトバンクは、マードックのニューズ・コーポレーションと組んで、旺文社《おうぶんしゃ》からテレビ朝日の株21％を買い取って、筆頭株主になった。

しかし、テレビ朝日の大株主である朝日新聞社が、「これは敵対的買収だ」と猛反発した。結局、孫とマードックはテレ朝の株をすべて朝日新聞社に高値で売却した。テレ朝乗っ取りは失敗した。しかし、このとき孫正義という「日本のダースベイダー」が出現したのである。

●「中国の手先」と非難されるグーグル

ＧＡＦＡの筆頭の「Ｇ」のグーグル（アルファベット社）は、今やアメリカで〝中国の手先〟扱いされ、騒がれている。

グーグルは決して悪い会社ではない。総じて、カリフォルニアのリベラル派の会社だ。リベラルなＩＴ《アイティ》業界は、２０１６年の大統領選挙で、民主党のヒラリーを応援していたのである。だからトランプの機嫌が悪い。他のＩＴ大企業もほとんどがリベラル派で、民主党寄りだ。しかし、ＩＴ業界の大物《おおもの》の一人、ピーター・ティールだけは学生時代から保守的だった。

トランプが当選するとすぐに、このティールが音頭《おんど》を取って、ＩＴ業界の大物たちをトランプ・タワーに勢ぞろいさせた。ビル・ゲイツだけはいない。すでにＭＳ《マイクロソフト》の経営か

「グーグルを追及せよ」と トランプに助言

画像　You Tubeから

IT業界の大物投資家、ピーター・ティールが「グーグルは中国軍と組むのではないか。アメリカへの反逆だ」と講演した。これを聞いてトランプは「分かった。グーグルを厳しく監視する」と述べた。

ティールは、仲間であるイーロン・マスク(テスラ・モーター)が作っている宇宙ロケット発射ビジネスにも出資している。どうもマスクに資金を使い込まれたようだ。それでもマスクは、巨大宇宙ロケットを近く打ち上げるようだ。

ら離れている、を理由にして。

ＩＴ業界の大物たちは、皆でひきつった顔をしながら、「今後は、お手柔《てやわ》らかに」とやった。２０１６年11月6日だった。カリフォルニアのシリコンバレーのＩＴ大企業のＣＥＯ《シーイーオウ》たちが一堂に会したのだ。テスラ社のイーロン・マスクも、アップルのティム・クックも、アマゾンのジェフ・ベゾスも、グーグルのラリー・ペイジも来た。

だが、音頭を取ったピーター・ティールは、やっぱりシリコンバレーの嫌われ者で、孤立している。ティールはリバータリアンを自称しているが、本当はもっと右翼であって、「ジョン・バーチ協会《ソサエティ》」に近いゴリゴリの反共右翼《はんきよう》だ。今は、仲間ゲンカが続いて、北のシアトルに移っている。

ピーター・ティールこそは「スマホ決済」の生みの親である。ペイパル社という、楽天《らくてん》モールのようなｅ《イー》コマース会社の中で、大手のカード会社たちと闘いながら、苦心してデジタル・マネーの決済の仕組みを作った。だから今もティールは〝ペイパル・マフィア〟と呼ばれる。

今年の7月14日に、ピーター・ティールは、アメリカ保守派の大集会であるＮＣＣ《エヌシーシー》、

National《ナショナル》 Conservatism《コンサーヴァティズム》 Conference《カンファレンス》「全米保守会議」で講演した。この講演で、ティールはグーグルを激しく非難した。次のように。

「グーグルの子会社であるディープマインド社（注。人工知能［ＡＩ］を研究するイギリスの会社。２０１４年にグーグルが買収した）のＡＩ技術は、軍事兵器だ。１９４０年代の原子力物理学者たち（注。第2次世界大戦中にアメリカで極秘に進められ、原爆を作った「マンハッタン計画」）よりも、今のシリコンバレーは、はるかに真実を語っていない。だから、（我々）シリコンバレーは良心の呵責《かしやく》を感じ始めている。

グーグルの行為は国家への反逆《トリーズン》だ。グーグルの幹部たちは、中国の諜報《ちようほう》活動に深く関わっている。グーグルは米軍ではなく、中国軍と組むという恐ろしい決定をしているのではないか。グーグルの上層部に、外国の情報機関が潜入していないか。こうした疑問は、連邦捜査局（ＦＢＩ）や中央情報局（ＣＩＡ）が追及すべきものだ。厳しい捜査が行なわれるべきだ」

このティールの講演の2日後、トランプはトゥイッターに「分かった。ティールよ。政府はグーグルを厳しく監視する」と書いた（7月16日）。

●ホワイトハウスに呼びつけられたグーグルのCEO

トランプ自身が、前からグーグルを非難していた。

> **2019年7月16日のトランプのトゥイッター**
>
> “Billionaire Tech Investor Peter Thiel believes Google should be investigated for treason. He accuses Google of working with the Chinese Government.” @foxandfriends A great and brilliant guy who knows this subject better than anyone! The Trump Administration will take a look!
>
> 「ハイテク投資家のピーター・ティールは、グーグルを国家反逆罪（トリーズン）容疑で捜査すべきだと言っている。彼はグーグルを中国の手先と非難している」と、foxandfriends が報じた。この、頭がよくて大した男は、問題を誰よりも分かっている。わが政府は（ピーター・ティールに）注目する。

「グーグルは、中国政府と中国軍に協力している。ひどいことだ」“Google is helping China and their military. Terrible.”（3月27日）。そして「（2016年の）大統領選挙で、グーグルはヒラリー・クリントンに票が集まるよう（ネット技術を使って）画策した」。

トランプはこの日、3月27日に、グーグルのサンダー・ピチャイ Sundar Pichai CEOをホワイトハウスに呼びつけた。ピチャイは「当社（グーグル）は中国軍ではなく、米軍に全面的に協力します」と答えた。これに満足したトランプは、「（ピチャイと）政治の公平性や、さまざまな場面でグーグル社がアメリカのためにできることについて議論した。会談はうまくいった」とトゥイッターした。

ところが、このあとグーグル社内で内紛が起きて、トランプはまた態度を変えた。ケビン・サーネキーという頑固者のトランプ支持の技術者が、グーグルから解雇された。「解雇の理由は、私が保守的な考えをもっていたからだ。私は裁判所に訴えた」とサーネキーは主張した。この顛末《てんまつ》を「ウォールストリート・ジャーナル」が詳しい記事にした。トランプ寄りのFOX《フォックス》ニューズが、サーネキーにインタビューした。トランプはそれを見た。

トランプの、グーグルに対する不信と怒りが再燃した。

「トランプ氏、グーグルを「厳しく監視」——偏向姿勢を支持層に訴え」

トランプ米大統領は、アルファベット傘下のグーグルが、自身に関する悪いニューズを広めているとして、ふたたび同社への非難を始めた。今回は、保守派偏向を理由に解雇されたとする元従業員のテレビ・インタビューを理由にしている。

トランプ氏は、8月6日のツイートで「すべて極めて違法だ。われわれはグーグルに対する監視の目を厳しくする！」とし、同社のサンダー・ピチャイ最高経営責任者（CEO）と（ふたたび）会ったと付け加えた。ただ、いつ会ったかは明らかにしなかった。

（ブルームバーグ　2019年8月7日）

どうもトランプは、「グーグルは、秘《ひそ》かに中国とAIで提携している。次の大統領選挙（2020年11月）を違法に妨害しようとしているだろう」と、ピチャイに激しく迫ったようだ。

スマートフォンの世界出荷台数と各社シェア　2019年第1四半期

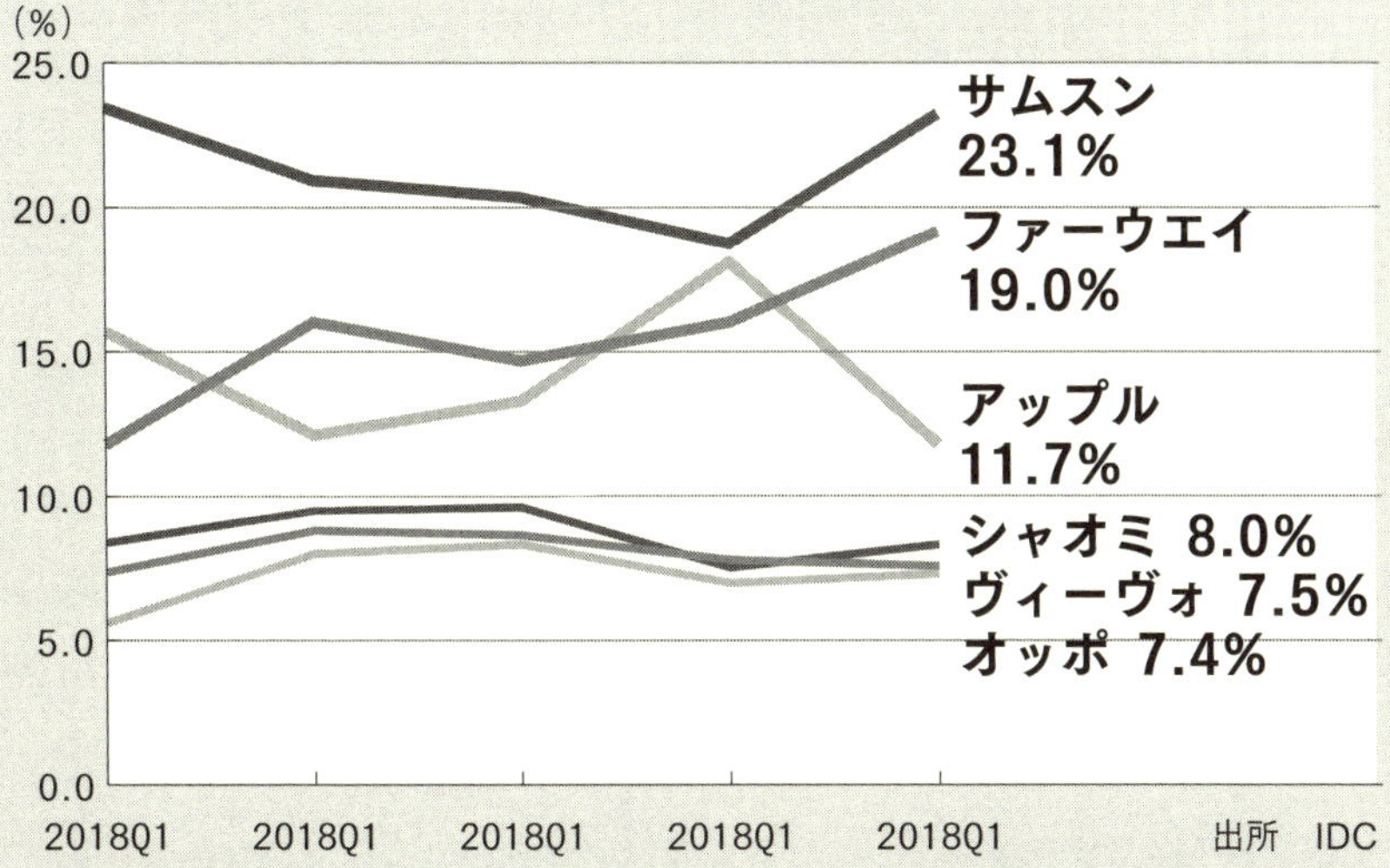

出所　IDC

メーカー	年間の出荷台数
①サムスン（韓国）	3億台
②ファーウェイ（中国）	2.6億台
③アップル（アメリカ）	1.6億台
④シャオミ（中国）	1.3億台
⑤ヴィーヴォ（中国）	1.2億台
⑥オッポ（中国）	1.1億台
その他	3.5億台
合計（世界全部で）	14.3億台

上位6社のうち、ファーウェイ、シャオミ（小米）、ヴィーヴォ（Vivo）、オッポ（OPPO）の4社が中国のメーカーである。

ヴィーヴォとオッポは大手電子機器メーカーのBBK（歩歩高電子工業）の傘下である。

このあと、トランプはトゥイッターで畳みかけた（8月20日）。
「ワオ、報告書が出たぞ！　２０１６年の大統領選挙で、グーグルは２６０万から１６００万もの票をヒラリー・クリントンにコンピュータを操作して得票を移動した！　これはトランプ支持者ではなく、クリントン支持者からもたらされた情報だ！　グーグルは訴えられるべきだ。私の得票数は、実際はもっと多かったということだ！」

このトランプの発言は、根拠がある。先の大統領選挙では、本当に不正選挙（voter fraud　ボウター・フロウド）が行なわれた。コンピュータの集票計算マシーンを操作する犯罪行為だ。そういう違法ソフトが、現に存在する。日本の選挙でも使われているらしい。

トランプ対《たい》ヒラリーの総得票数は、６３００万票対６６００万票で、ヒラリーが３００万票多かった、と発表された。そんなことはない。私の考えでは、１６００万票が不正集計された。だから真実は、トランプが７９００万票で、ヒラリーは５０００万票だったろう。あのとき、「トランプを勝たせろ」というアメリカ民衆、本物のデモクラシーを希求する大きな波がザブーンと押し寄せて、悪《あく》の巣窟《そうくつ》をひっくり返した。ヒラリーは本当に人気がなかった。５０００万票ぐらいが真実の正しい数字だ。ただし、グーグルだけがこの不正選挙に関わったのではなくて、リベラル派（民主党支持）のＩＴ《アイティ》企業は全部、加担したか、知っていた。真実の大きな政治というのは、これぐらい恐ろしいものなのだ。

●未知なる最先端の何ごとかが進行している

第3章で書いたが、米政府の命令に従って、グーグル社は「アンドロイド」ＯＳの使用を、ファーウェイに対して禁止する措置をとった。ファーウェイは、それに対抗して、即座に独自のＯＳ「鴻蒙（ホンメン）」を開発していると明らかにした。そしてファーウェイはこの9月に、アンドロイド非《ひ》搭載のスマホの新商品も発表した。

「華為、グーグルアプリ非搭載のスマホ発表 米制裁受け」

中国の通信機器大手、華為技術（ファーウェイ）は9月19日、ドイツ・ミュンヘンで開いたイベントで、新型スマートフォン「Mate《メイト》 30」と「Mate 30 Pro《プロ》」を発表した。両機種は米国政府の制裁により、同社のスマホとして初めて米グーグル

（Google）社製の人気アプリが非搭載となる。

ワッツアップ（WhatsApp）や、ユーチューブ（YouTube）、グーグルマップ（Google Map）といった人気アプリを搭載しないスマートフォンは成功できないとの懸念が上がっている。しかし、ファーウェイで消費者向け事業の責任者を務める余承東（リチャード・ユー、Richard Yu）氏は、「わが社の代替サービス『ファーウェイ・アプリ・ギャラリー（Huawei App Gallery）』では4万5000本のアプリを提供している」と強調し、懸念の払拭に努めた。

余氏はまた、同社の中核的ソフトウエア・エコシステム「ファーウェイ・モバイルサービス（HMS）」に10億ドル（約1080億円）を投資すると説明した。アプリ開発者らに対し、ファーウェイ社システム向けのアプリを開発するよう呼び掛けた。

米国は5月、中国と繰り広げる貿易戦争の一環として、ファーウェイを「ブラックリスト」に追加した。以降、米企業がファーウェイと取引することは違法となっている。ファーウェイは、ドナルド・トランプ米大統領とその政権から（敵対的な）諜報活動の疑いを掛けられている。


（AFP　2019年9月20日）

ところが、ファーウェイの任正非《レンジエンフェイ》CEOは、堂々と「わが社はグーグルと仲よくやっている。支援に感謝する」と発言している。グーグルが表面上は、「アンドロイドを使わせない」と、ファーウェイと縁切《えんき》りをしているのに、である。

IT《アイティ》の世界で、底知れない、人類にとって未知の最先端の課題を背負った何ごとかが、今も進行している。一体この先、何が起きるのか。私の能力では、半年後のことも分からない。だが、私がガツンと見抜いた、「IT《アイティ》スマホ戦争ではない。金融戦争なのだ」は、重要な発見だと思う。

第5章　金融秩序の崩壊

●日本が買わされている米国債の秘密

資本主義《カピタリズム》が、破壊《はかい》されつつある。

第1章で書いたとおり、アメリカも日本もヨーロッパも、政府はこの先も金融緩和《かんわ》（イージング・マネー）とゼロ金利を続ける。それしか他にない、というジャブジャブ・マネー政策を続ける。トランプ大統領は、ＦＲＢに「政策金利をゼロにしろ。何ならマイナス金利でもかまわない」と喚《わめ》いた。常軌を逸した世界に私たちは向かっている。だから、何となく資産家（富裕層）は不安になる。世界はこのままやってゆけるのだろうか、と。この動物的な勘は、きっと正しい。

金利（インタレスト）という「お金の成長力」がなければ、資本主義は保《も》たない。近代資本主義は、この５００年間、お金の自己増殖力が持つ健全な成長力（爆発力）によって成長してきた。政府（中央銀行）が定める最低限度の低い金利の上に、少しずつ利幅を上乗せしながら、多くの民間の金融取引が作られてきた。この金融秩序が先進国では壊れつつある。

各国の国債の利回り
(長期債ほど高利回りが自然)
日本と欧州はマイナス圏だ。不健全

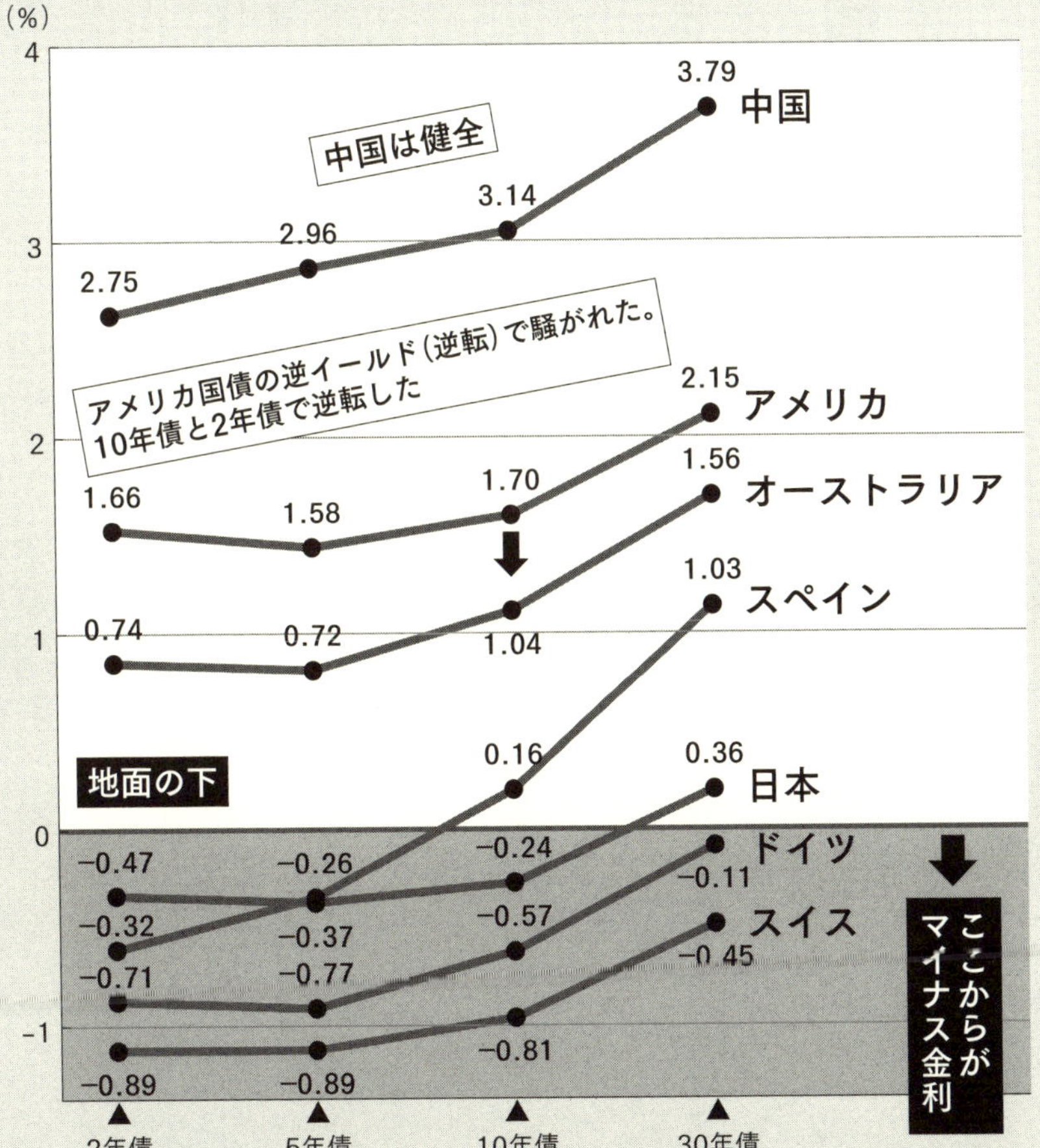

2019年9月25日現在。リフィニティブ(旧トムソン・ロイター)のデータを基に作成

日銀（黒田東彦《くろだはるひこ》総裁）が「マイナス金利を導入する」と宣言したのは、4年前の2016年1月29日だった。それからずっと、「まだまだやるぞ。どこまでもやるぞ、マイナス金利」の黒田節《くろだぶし》で、冷え冷えとして地下に潜《もぐ》った〝氷づけ経済〟を続けている。アメリカにべったりと追随《ついずい》している。

同じ年の9月21日に、長期金利を0％に釘づけ（ペグ打ち）する「イールドカーブ・コントロール」（利回り操作《イールドカーブ・マニピユレイション》）まで公言する中央銀行は、世界中どこにもない。中央銀行が、国債金利（長期金利の操作）を政策誘導することに手を出してはいけないのだ。中央銀行が政策誘導していいのは、短期金利（1年もの以下）だけである。ここにも金融理論《マネー・セオリー》の崩壊が現われている。

それでも黒田東彦は、かまわずにマイナス金利の深掘り（スティープニング）を、まだまだやるつもりである。記事を載せる。

「マイナス金利強化、排除せず＝予防的緩和対応も―日銀総裁」

黒田東彦日銀総裁は9月24日、大阪市で記者会見し、追加金融緩和を行う場合の手法に関して「現時点でマイナス金利政策の強化を排除する必要はない」と強調し、マイナス幅拡大の可能性に言及した。その狙いについて、「期間が数年以下の比較的短い金利を下げる必要がある」と述べた。

一方、金融機関や年金の資産運用に影響する、償還期間が10年を超える国債などの金利について、黒田総裁は「(これ以上)下げる必要がない」と指摘。その上で、「国債の買い入れを減額すれば、超長期金利(引用者注。30年もの、あるいは隠してある秘密発行の、それ以上のもの)の下がりすぎを回避できる」と語り、「追加緩和時に金融機関の収益悪化という副作用への軽減策を合わせて行う」という考えを示した。

(時事通信　2019年9月24日　傍点は引用者)

日本は、アメリカの巨額の財政赤字(23兆ドル。2400兆円)に付き合わされて、米国債を秘密で引き受け(購入)させられている。私の考えでは、それは1400兆円(14兆ドル)ぐらいになっている。国民には絶対に内緒である。自民党の政治家たちでも知らない。

この秘密で日本が買わされている米国債の超長期のもの(70年もの、100年もの、があるようだ）の利回り《イールド》（金利）が、ゼロ以下（マイナス金利）にまで沈むと、大変なことになる。そのとき、資本主義は壊れるのである。今の体制を維持することはできない。

●ECB総裁が「恐慌突入」を認めた

もともとマイナス金利を導入したのは、ECB《イーシービー》（ヨーロッパ中央銀行）だ。ECBのほうが先だった。日銀より1年前に決めた。だから、P217のグラフにあるとおり、ドイツ、スイス、スペインなど、ヨーロッパ各国も地面の下に沈んだようになって、マイナス金利だらけになっている。「マイナス（正しくは「ネガティブ」と言う）1％の金利」が当たり前のようになった。

ECBは（も）、黒田のように「まだまだやるぞ、マイナス金利」だ。マリオ・ドラギ総裁（10月31日に退任して逃亡。次はIMF《アイエムエフ》専務理事だったクリスティーヌ・ラガルド女史がやる）が、〝いたちの最後っ屁《ぺ》〟で、さらにマイナス金利を深掘り（もっとマイナスにすること）すると発表した。

ドラギは、この4年間、まったく表《おもて》に出てこなかった。月に1回のECBの理事会のあとに、ちょっと記者会見を開くぐらいだった。自分が、EU結成のマーストリヒト条約（憲法である）に違反して、ユーロ通貨を根拠なしにジャブジャブに刷り続けて、ヨーロッパの弱小の破綻危険国に配り続けてきた。その違法行為を自覚しているからだ。ブルームバーグの記事を読みやすくして載せる。

「ECB　マイナス金利深掘り、QEも再開―ドラギ総裁が押し切る」

欧州中央銀行（ECB）は9月12日、中銀預金金利をさらに深くマイナスとし、債券（引用者注。各国の国債のこと）購入を再開する、と発表した。ドラギ総裁は最後から2回目の政策決定（会合）で、自身の景気刺激策に対する批判を抑え、ユーロ圏経済活性化への仕上げを断行した。

ECBは、中銀預金金利を0・1ポイント引き下げ、マイナス0・5%とした。債券購入（引用者注。破綻危険の加盟国たちのボロ国債を買い続けている）は、11月1日から月額200億ユーロ（約2・3兆円）で、インフレ目標の達成に必要な限り行う。一部の超過準備についてマイナス金利を免除する措置も導入する。

ドラギ総裁は政策発表後の記者会見で、「当分の間このペースで、債券購入を続ける余裕がある」と述べた。「ユーロ圏がリセッション（景気後退。不況突入）入りする確率は低いと依然考えているが、確率は上昇した」との認識も明らかにした。

ECBはまた、金利のフォワードガイダンス（引用者注。口先による誘導）を変更し、「（年率）2％弱としているインフレ率の目標に、しっかりとした見通しが収束していくまで、（債券購入は）現行またはそれ以下の水準にとどめる」とした。これまでのガイダンスでは、2020年半ばまで現水準の低金利を維持するとしていた。長期リファイナンスオペ（引用者注。〝ドラギのLTRO《エルトロ》大砲〟と呼ばれた）の条件も更新し、0・1ポイントの上乗せ金利を削除した。この発表直後にユーロ圏国債は上昇した。だが、急速に上げを失った。反射的に下げたユーロ通貨も切り返した。

トランプ米大統領は、これに対し「（米金融当局が）ただ座視している間に、ECBは素早く行動している（じゃないか）」とツイートした。大統領は、「ECBが緩和政策をしているのだから、アメリカのFRB（中央銀行）による連邦公開市場委員会（FOMC）も積極的な利下げをすべきだ」と迫ったことがある。

米大統領のツイートについて質問されたドラギ総裁は、「ECBは為替レート（を操作すること）を目標にしない。以上だ」と（不愉快そうに）言明した。

発表された2024年からの新札の図柄。
リデノミネーション（通貨単位の変更）を断行する

今のお札（福沢諭吉）は「壱万円」（一万円）と漢字の数字だ。それが新札では、すべて西洋数字になった。実に怪しい動きである。

（ブルームバーグ　2019年9月13日　傍点は引用者）

ドラギはここで、以後の自分の責任を放り投げて、「ユーロ圏がリセッション（景気後退。不況突入のこと）入りする確率は低い、と（私は）考えている。しかし、その確率は上昇した」と言った。ドラギはもうすぐ辞める（本書発売後は、もう辞めている）。ECBの総裁が、ヨーロッパが恐慌に突入する可能性を公然と認めたのである。

●2024年、10000円が1000円になる

もう一度、P53（第1章）の政策金利（1年以下の短期金利）のグラフを見てください。再述するが、各国の中央銀行は、この政策金利を操作することで景気を調節してきた。景気が少しでも良いときは、中央銀行はできるだけ金利を上げておかなければいけない。恐ろしい金融危機（ファイナンシャル・クライシス）が突発するときに備えて、必死で貯金箱に貯金をしておくということだ。それが政策金利である。政策金利を「ゼロにして」使い果たしてしまったら、もう米欧日の先進国には逃げ場がない。

金融危機が私たちに襲いかかってくるだろう。まず、株式の大暴落の形で起きる。そして政府の財政危機になる。そのあと金融崩壊（ファイナンシャル・カタストロフィ）が起きる。それは、私が2年前から予測（予言）してきたとおり、5年後の2024年か、2025年だろう。政府（財務省）が巨額に膨《ふく》れ上がったまま隠している、累積の財政赤字の秘密が満天下に露見して、先進国諸政府の財政は崩壊する。

そのとき、金持ち（資産家）の資産は、国に奪い取られる。あるいは暴落で吹き飛ばされる。預金封鎖《よきんふうさ》（1．銀行の引き出し制限と、2．新札切《しんさつ》り替え）は当然、この中に含まれる（P223の新札の図柄を参照）。

以下の文は、私が6年前の2013年4月1日に書いたものだ。その前日の3月31日に、NHKが「銀行窓口で新たな確認手続き導入へ」と報道した。銀行で口座を開設するときや、10万円以上の振込、200万円以上の預金と引き出しをしようとすると、銀行員から職業や住所などを尋ねられる（本人確認）。「何にお使いですか」と、使途まで聞く。まさしく預金封鎖の始まりであった。この異様な本人確認は、今も行なわれている。

2013年4月1日（月）の朝から、先進国3地域である、ヨーロッパ、アメリカだけでなく、日本でも実質的な金融統制体制に入る。銀行預金が下《お》ろしにくくなる事態（controlled《コントロールド》 output《アウトプット》、銀行の引出し規制、禁止、凍結）が起き始めた、と私は判断しました。

これは実質的な「預金封鎖」である。預金封鎖（financial accounts clamp down フィナンシャル・アカウント・クランプダウン）とは、1. 銀行の引き出し制限 と 2. 新札切り替えである。「クランプダウン」clamp down というコトバの恐ろしさを、これから日本人も味わうようになる。

私、副島隆彦の言うことに耳を傾ける人は、急いで銀行に行って、預金をできる限り多く引き下《お》ろしなさい。まだ下ろせる。支払いの自動引き落とし分以外の資金は、さっさと現金にしなさい。そして肌身に持ちなさい。これは人間が生きるための食料費である。

ついに、日本で2024年に「新札切り替え」が行なわれる。日本の財務省が「2024年度上半期に、1000円札と5000円札と1万円札の絵柄（図柄）を一新する」と

ドル下落(ドル安)は
アメリカの運命である
(1980年〜40年間)

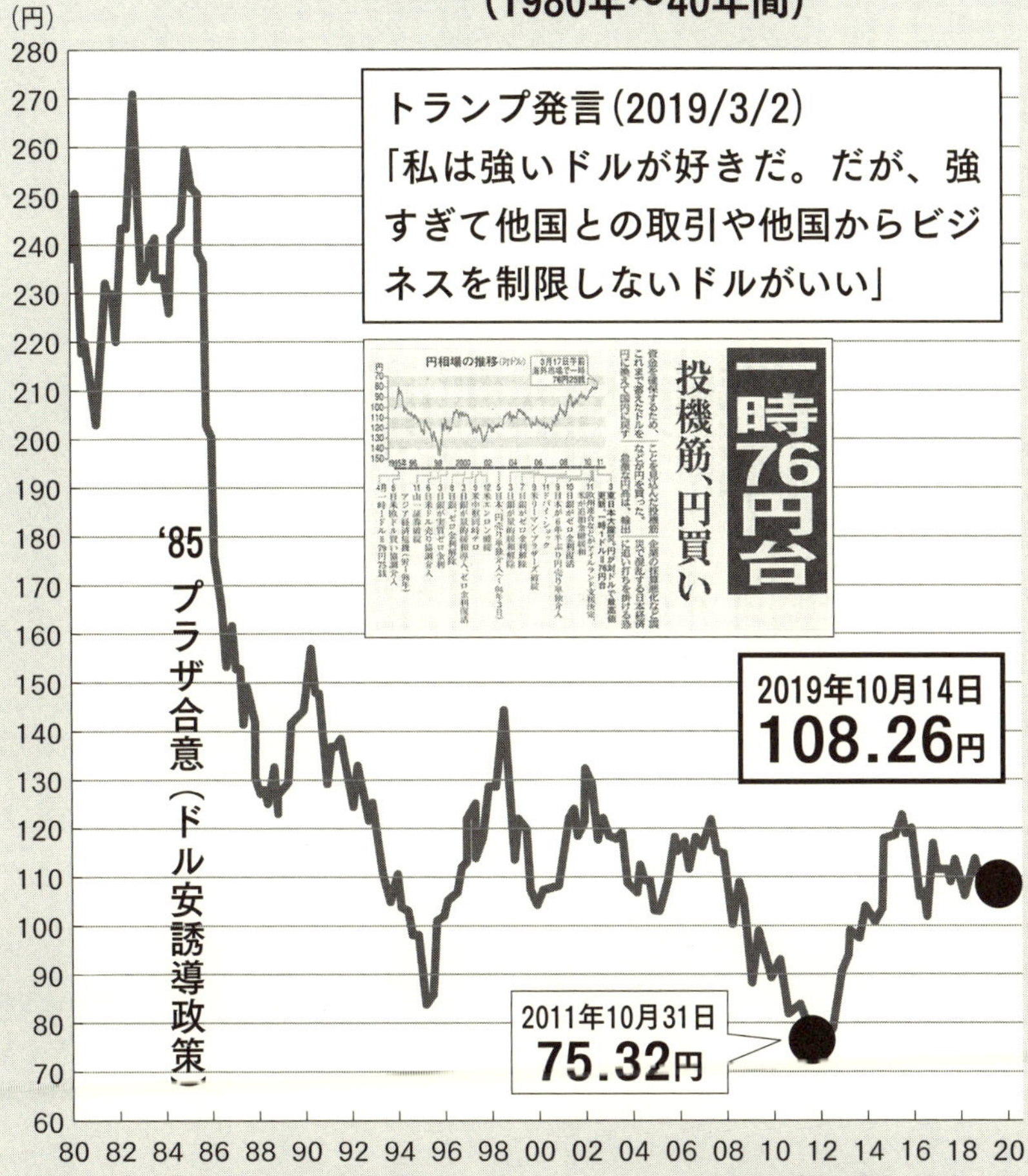

出所　東洋経済「統計月報」から作成

頭をアメリカ信仰でやられている人たちが、円安(ドルは強い)を信じ込んでいる。

発表した（今年の4月9日）。

奇妙なのだ。なぜ、5年先のことを今、発表するのか。

P223の図に示すとおり、1000円札が、今の野口英世《のぐちひでよ》から北里柴三郎《きたさとしばさぶろう》になり、5000円札が樋口一葉《ひぐちいちよう》から津田梅子《つだうめこ》に、1万円札は福沢諭吉《ふくざわゆきち》から渋沢栄一《しぶさわえいいち》に替わる。今の図柄は2004年に始まったから、20年ぶりの変更だ。2004年の新札切り替えのときは、発表は2年前の2002年だった。なぜ今回は、切り替えの5年も前の今年（2019年）4月なのか。

しかも新しいお札《さつ》（紙幣）は、これまでの「壱（一）万円」「五千円」「千円」という漢数字が、「10000円」「5000円」「1000円」という西洋数字なのである。相当に怪しい動きだ。

私は、この2024年に、いよいよ「リデノミネーション」が日本で断行される、とはっきりと予言する。1000円、5000円、10000円の見本から、それぞれ「0」が1個取れて、100円、500円、1000円になる、ということだ。

「それは通貨単位の変更のことで、『デノミ』でしょ?」と、日本人は言うだろう。経済学者や財務省、日銀の官僚でもこう言う。だが、それは間違い英語だ。デノミ（ネーション）denomination とは、「単位」とか「種類」、「宗派」のことだ。✕デノミは間違いだ。正しくは「リデノミネーション」redenomination である。いちばん売れている英和辞典の『ジーニアス』（大修館書店）にも、そのように注意書きしてある。さっさと、この「リデノミ」というコトバを覚えてください。

国家は、こうして国民を「統制経済」（コントロールド・エコノミー）に絞《し》めつけてゆく。私たちは用心しなければいけない。命《いのち》の次に大切な、自分のお金《かね》を守り抜かなければいけない。これまで何度も何度も私が書くとおり、国家とは暴力団なのだ。官僚というのは暴力団員なのだ。

すでに国内のいろんな法律で、日本の資産家層は、ギュウギュウと締《し》め上げられている。

1．マイナンバー法（正式には「行政手続における特定の個人を識別するための番号の利用等に関する法律」というバカみたいな名前の法律。2013年5月24日成立）。金持ち層のお金の日本国内の動きを、コンピュータですべて捕捉して、国税庁が把握できるようにした。

2．**国外《こくがい》財産調書制度**（国外送金等調書法）。2014年2月の納税申告から、海外に置いてある銀行口座、金融資産で5000万円以上の場合、これの申告を強制する法律。

これで、いよいよ海外への資産の避難《ひなん》が難しくなった。しかしそれでも、私たちは、逃がすべきは逃がす。隠すべきは隠す。何でも丸裸になって、お上（役人ども）に自分のおちんちんまで見せる必要はない。

過度に、税金官僚《ぜいきんかんりょう》（財務省、国税庁、金融庁、そして下部の税務署員のこと）に従順になって、脅されたからといって、簡単に屈服してはいけない。そんなのは、ただの臆病者で、根性なしだ。税金鳥《とり》の役人とは闘わなければいけない。自分の財産を守るため、なのだから。国税庁、税務署員は、お金についての警察署である。お金（の動かし方）しか興味を持たない。それから税理士は、国税庁のスパイだと考えるべきだ。

私は、『税金官僚から　逃がせ隠せ個人資産』（2013年）と『税金恐怖政治《タックス・テロリズム》が資産家層を追い詰める』（２０１７年、いずれも幻冬舎刊）という本も書いている。今からでも読んでください。

あとがき

この『米中激突 恐慌』は、表紙に打ち込んだとおり、Econo-Globalists「エコノ・グローバリスト・シリーズ」の22冊目である。よくもまあ22年間も、私は金融本を毎年、書き続けて、生きながらえたものだ。我ながら感心する。

この本を書き進めながら、第4章に入ったところで異変が起きた。私の脳にひらめきが起きた。第3章までは、まあ私のいつもの金融と経済（そしてそれを世界政治の動きから見る）の、どぎついあれこれの洞察《どうさつ》である。

第4章に来て、私は急に一気に、高いところに到達した。問題は、米と中の貿易戦争が、IT《アイティ》ハイテク戦争に姿を変えたことではなかった。現下《げんか》の貿易戦争は、本当は金融戦争だったのである。すでに5G《ファイブジー》の世界規準を握った中国ファーウェイ（華為技術）社をめぐるあれこれの抗争と、米中政府間《かん》の激突ではなかった。問題は、ファーウェイではなく、アリババ（及びテンセント）だったのだ。アリババが先駆《せんく》して握りしめた、スマホ決済と与信（金融）、さらには預金機能（金融商品のネット販売だ）が、世界の金融体制を根底から覆《くつがえ》しつつある。まさしく大《だい》銀行消滅である。クレジット会社もカード会社も銀行も、世界中で消滅してゆく。

ヨーロッパ近代《モダーン》が始まって、ちょうど500年である。この近代500年間の欧米白人文明が敗北しつつある。問題はファーウェイではなく、アリババだったのだ。真に頭のいい人は、本書の第4章を読んで驚愕してください。ついでに、ソフトバンクの孫正義《そんまさよし》氏の力《ちから》の謎と裏側もバッサリと解いた。乞《こ》うご期待だ。

私とともに、この20年間、「エコノ・グローバリスト・シリーズ」で走り続けてくれた、担当編集者の岡部康彦氏が、満期退職した。岡部氏が念入りに下ごしらえしてくれたので、本書の第4章の快挙も成し遂げることができた。彼との仕事での長い付き合いは、このあとも続く。記して感謝する。

2019年10月

副島隆彦

ホームページ「副島隆彦の学問道場」http://www.snsi.jp/

ここで私は前途のある、優秀だが貧しい若者たちを育てています。

会員になって、ご支援ください。

巻末特集

5G、6Gに負けない
超先端技術を持つ優良企業

今回、ここで強く推奨する株の銘柄は、目下の米中IT《アイテイ》戦争で騒がれている、5G《ファイブジー》の世界通信規格をめぐる争いを睨《にら》みながら、この動乱状況に負けない、優れた先端技術を持つ日本国内の超《ちょう》ハイテク企業たちである。世界競争にも耐えられる。

5Gの世界規格は、どうやら中国のファーウェイ社が先駆して握った。しかしアメリカは、意地でもそれに逆らって、クアルコム社の半導体の設計図を中心にして、Two《トゥー》 standards《スタンダード》「2つの世界基準」を、ITU《アイティユー》（世界通信連合）に無理やり呑《の》ませて、中国との技術戦争を続ける気だ。この世界の流れに負けないで、目立たない技術ではあっても、5G、6G（これもすでに始まった）に対応してゆく新技術を開発している小粒《こつぶ》の日本企業を厳選した。

これまでの生き方をガラリと変えて、新技術の開発、販売で生き残ろうとしない企業は、**どんな大企業でも一瞬のうちに捨てられる時代だ。**その典型が、銀行業（金融業）という業界である。今や大銀行などと言ってみても、社員の大量リストラを繰り返す哀《あわ》れな業界に転落した。2億年前の恐竜の下で、チョロチョロ動き回って生き延びた哺乳類（ネズミみたいな連中）が、次の地球の繁栄種になった。これと同じことが今、起きつつある。日本の投資家たちも本気で、めざとくなり、以下に厳選した銘柄に注目してください。

副島隆彦

〈銘柄一覧の見方〉
①企業名の横に付した4ケタの数字は「証券コード」。
②「最近の値段」は2019年10月4日現在のもの。
③株価チャートは直近1年間。東京証券取引所他の時系列データ（終値）から作成した。
④東1＝東証1部、東2＝東証2部、東M＝東証マザーズ、JQ＝ジャスダック。

※いつも書いていますが、投資はあくまでも自己責任で行なってください。あとで私、副島隆彦にぐちゃぐちゃと言わないように。それから、この巻末だけを立ち読みしないで、本を買って読んでください。

あなたが賢くなります。

1 ミライト・ホールディングス 1417 東1 最近の株価 1610円

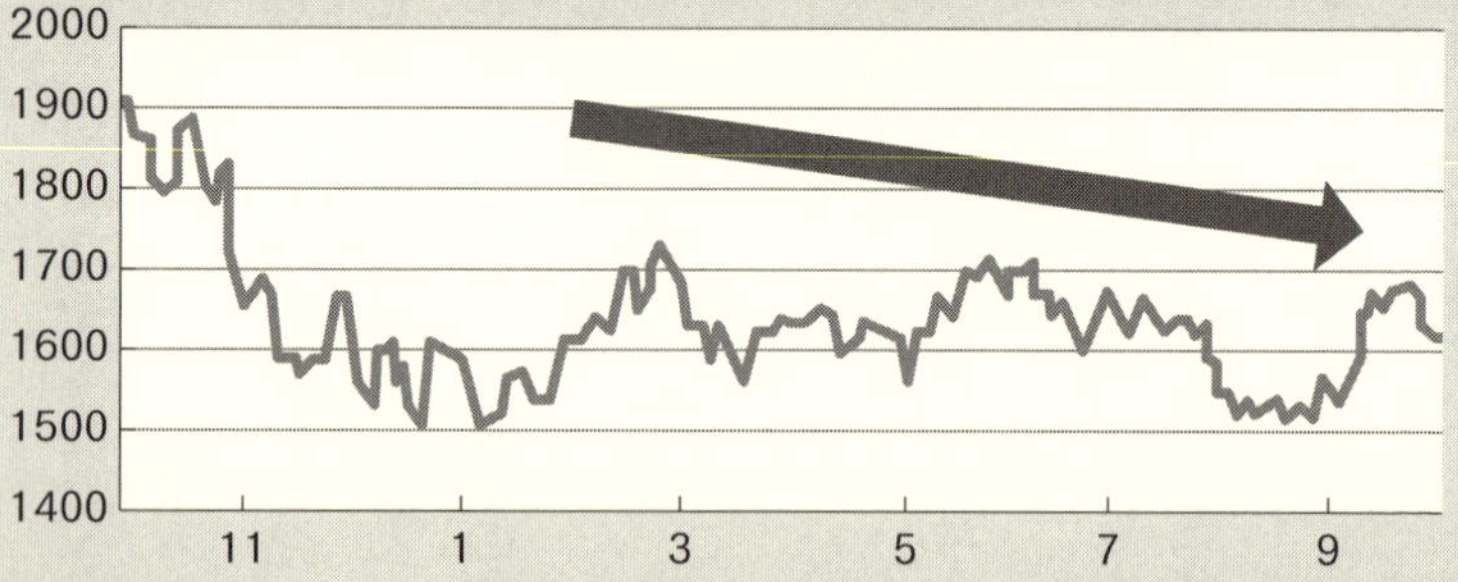

電気通信設備工事の第3位。2010年、中堅の3社が株式移転により共同持ち株会社として設立した。NTTグループ向けに固定通信設備の建設・保守・運用を行なう事業が中核である。

4G(第4世代移動通信システム)の高度化や、5G(第5世代移動通信システム)のための準備工事など、多くの需要が発生している。また、第4の携帯電話事業者である楽天向けの工事も本格化している。2020年3月期は売上高4300億円、経常利益230億円。来期は売上高4500億円、経常利益260億円が見込まれ、4期連続増収増益となる。

2 ネクストジェン 3842 JQ 最近の株価 1540円

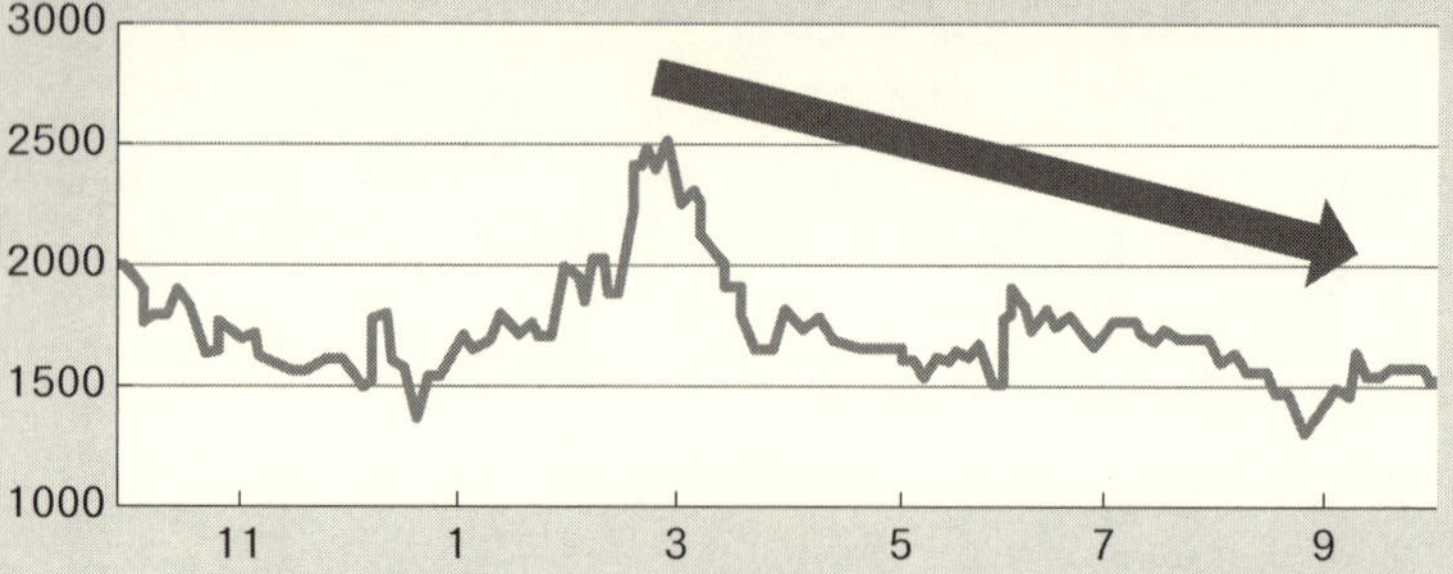

次世代通信網の制御システム開発会社である。設立は2001年。NTT、KDDI、ソフトバンクなどの大手通信事業者や、関連機器の開発企業を対象として、主力技術であるSIPやVoIP(Voice《ヴォイス》 over《オーバー》 Internet《インターネット》 Protocol《プロトコル》。インターネット上で音声データをやり取りする技術。SIPは、その基盤となる規格)を活用したソリューションの提供・保守・サポートを展開している。

住友商事が実施する、5Gを利用した「ローカル5G」実証実験に協力事業者として参加した。2020年3月期は売上高39億円、経常利益1億3000万円。来期は売上高40億円、経常利益2億円を見込む。

3 サイバーコム 3852 東1　最近の株価 1780円

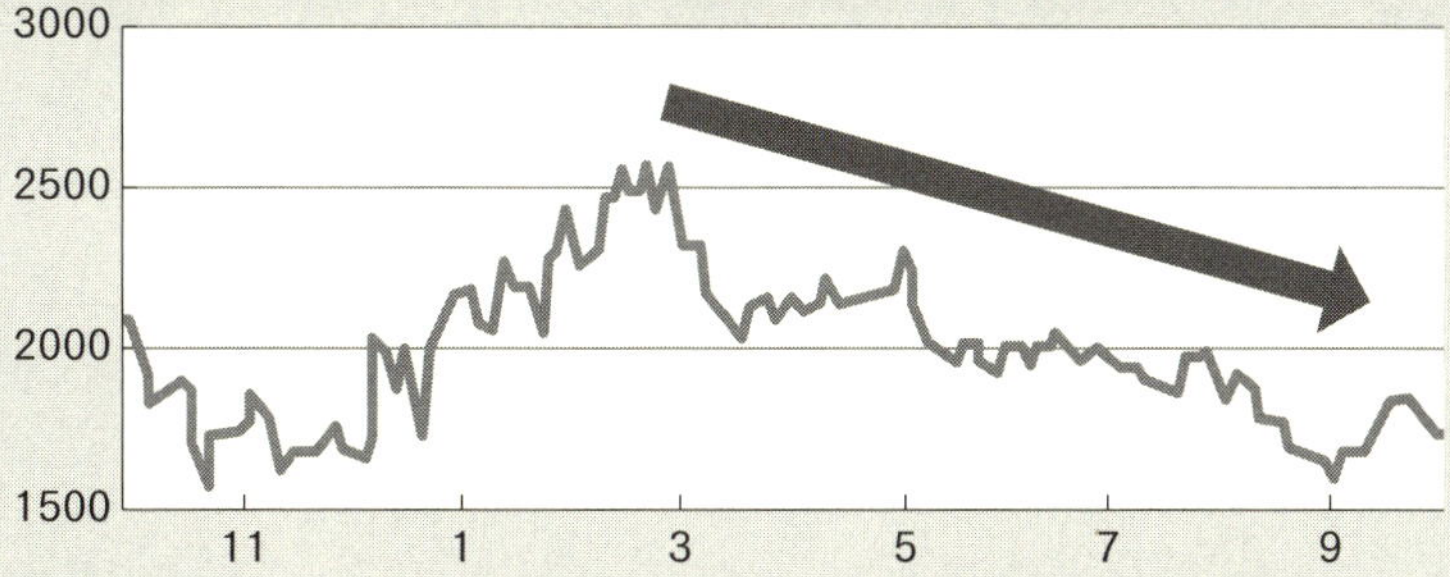

通信ソフトウェアの開発が主力である。ソフト開発の独立系大手である富士ソフトの子会社。1978年に設立し、2002年に富士ソフトグループ内の4社合併で、サイバーコムに商号を変更した。

通信系、車載系、業務用と幅広くソフト開発を手がける。5Gが必須となる自動運転の分野では、次世代ネットワーク制御や監視システムを開発している。2019年12月期は売上高134億円、経常利益6億8000円。来期は売上高142億円、経常利益7億3000円が見込まれ、3期連続増収増益。

4 JIG-SAW（ジグソー） 3914 東マ　最近の株価 4580円

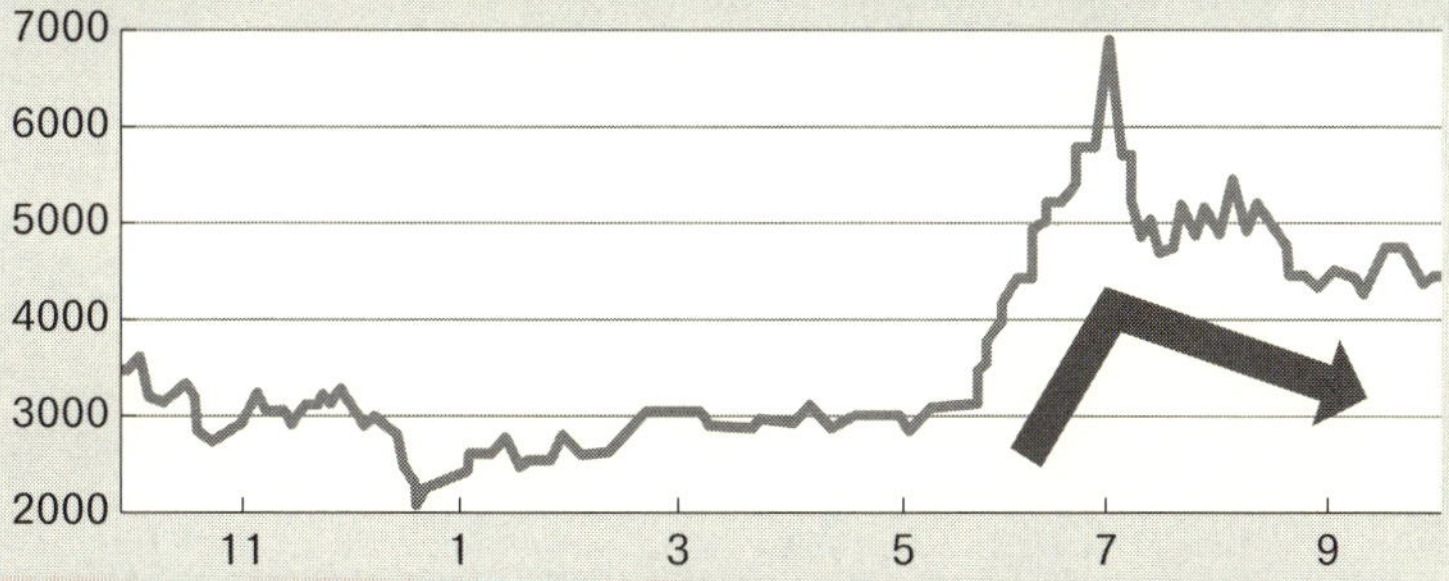

インターネットシステムの自動監視・運用サービスを提供している。2001年に設立。2008年、ジグソーに商号変更した。独自開発した自動マネジメントツール「puzzle」（パズル）の導入・設定などの初期費用や、月額費用が主な収益源で、企業がサーバー業務を外注化する動きを受け、好調な伸びを示している。

4Gから5Gへと転換し、あらゆるモノがネットにつながるIoT（Internet of Things）での事業拡大に注力している。2019年12月期は売上高18億5000万円、経常利益5億5000万円。来期は売上高25億円、経常利益7億5000万円が見込まれ、上場来6期連続の増収増益。

5 アンリツ 6754 東1　最近の株価 1999円

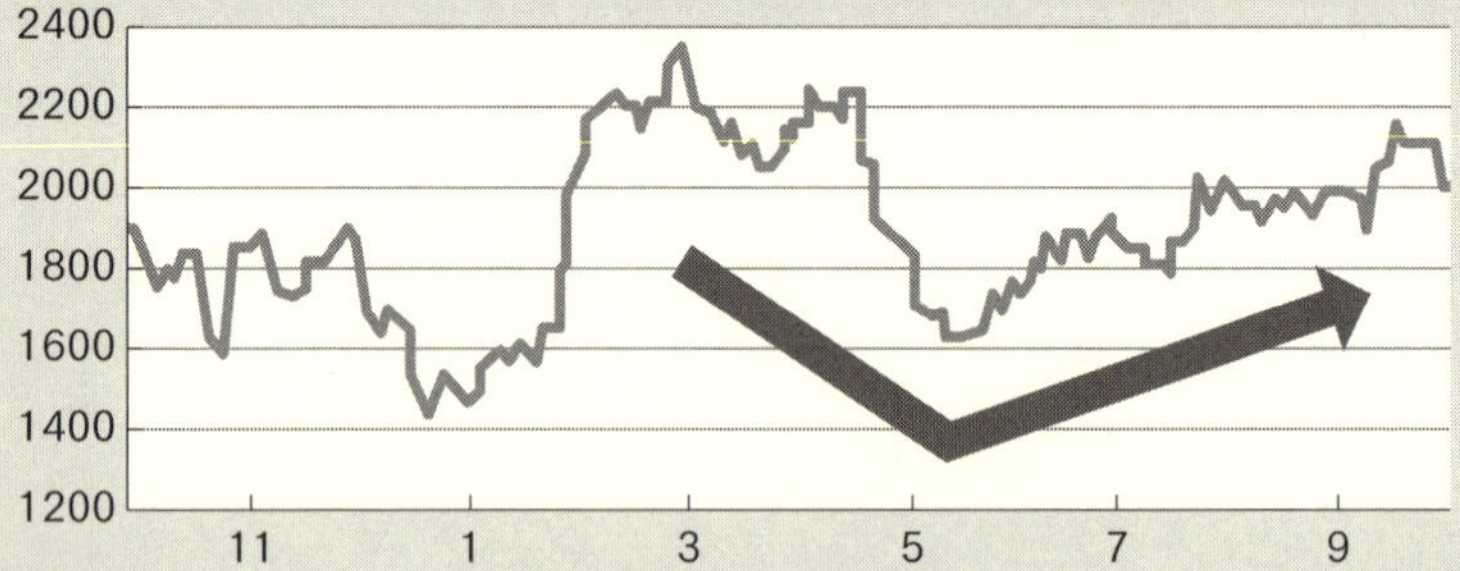

スマートフォンなど移動体通信用計測器の大手である。1931年、無線通信機製造の安中《あんなか》電機製作所と有線通信機製造の共立《きょうりつ》電機が合併し、安立電気を設立。1985年、現社名に変更した。

主力の計測事業は、米国やアジアを中心に5Gチップセットや携帯端末の開発需要を取り込んで好調だ。基地局用の5G電波の強度測定器を開発し、スマホメーカーの間で開発競争が過熱する中国の需要も取り込む。

2020年3月期は売上高1020億円、税引前利益100億円。来期は売上高1080億円、税引前利益130億円が見込まれる。

6 フィックスターズ 3687 東1　最近の株価 1485円

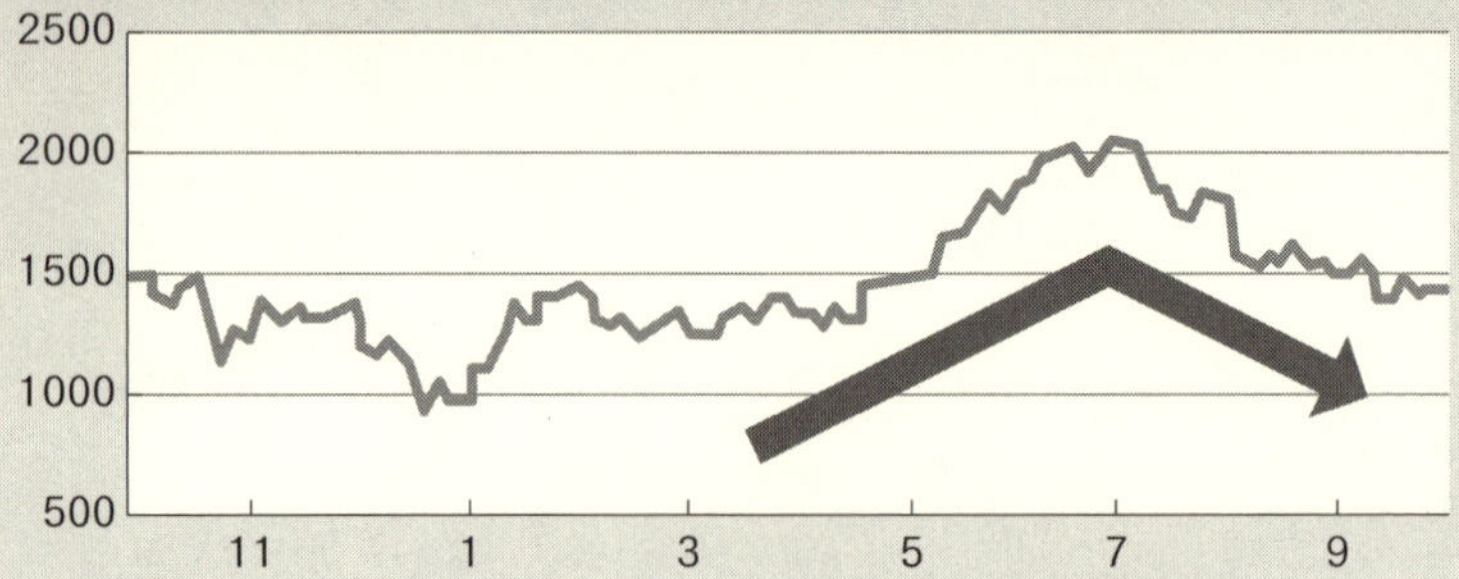

顧客ごとにシステムを高速化するソフトウェアの開発が主力。2002年に設立。金融機関のコンピュータシステムや、産業・医療分野で用いられる画像検査装置の処理を高速化するサービスを提供する技術者集団である。

量子コンピューティングの普及と利用促進のためのサイトを技術者有志が運営し、また早稲田大学ベンチャーファンドに出資して協業を推進するなど、量子コンピューティング向けソリューションの提供を目指している。

2019年9月期は売上高69億円、経常利益12億3000万円。2020年9月期は売上高90億円、経常利益16億円が見込まれ、10期連続増収増益。

7 エヌエフ回路設計ブロック 6864 JQ 最近の株価 2040円

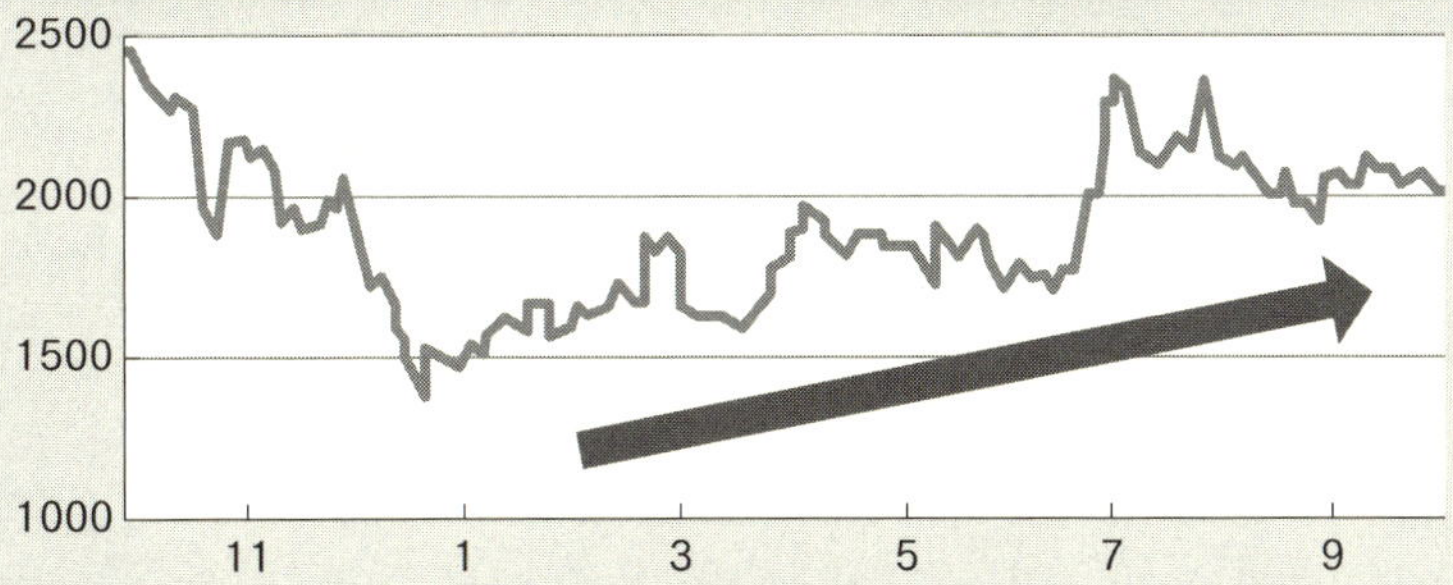

先端研究開発分野向けの計測・制御機器メーカーである。1959年に設立。最先端の研究開発を行なう企業や大学、研究機関などを主な顧客として、高精度な計測・制御技術を活《い》かした製品を提供する。

独自に開発した電子計測器は、研究開発の過程で物質の特性を測るために用いられる。また、量子コンピュータの研究開発に必要とされる世界最高レベルの微小信号測定器を手がけている。

2020年3月期は売上高126億円、経常利益15億円。来期は売上高133億円、経常利益16億円を見込む。4期連続増収増益。

8 ユニチカ 3103 東1 最近の株価 310円

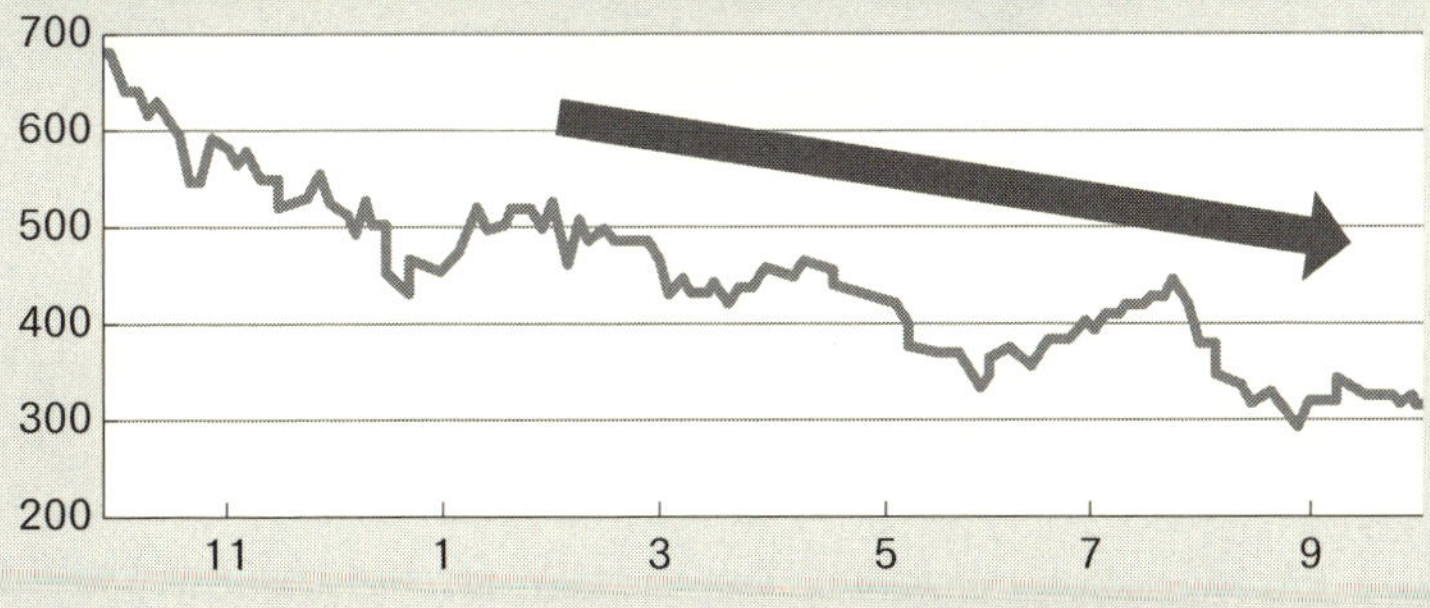

繊維事業から始まり、今では高分子事業、機能材事業を手がける機能素材メーカーに成長した。1969年、ニチボーと日本レイヨンが合併して設立。繊維事業は品質検査データを改ざんした不祥事もあり、不採算部門の撤退、集約を進め、フィルムや樹脂など高分子事業を強化中である。

高分子、繊維、機能材の各事業とも、研究が進むナノテクノロジー（1ナノメートル＝10億分の1メートルという極微細な単位の物質を扱う技術）の活用が期待できる。2020年3月期は売上高1290億円、経常利益43億円。来期は売上高1310億円、経常利益44億円が見込まれる。

9 東レ 3402 東1 最近の株価 785円

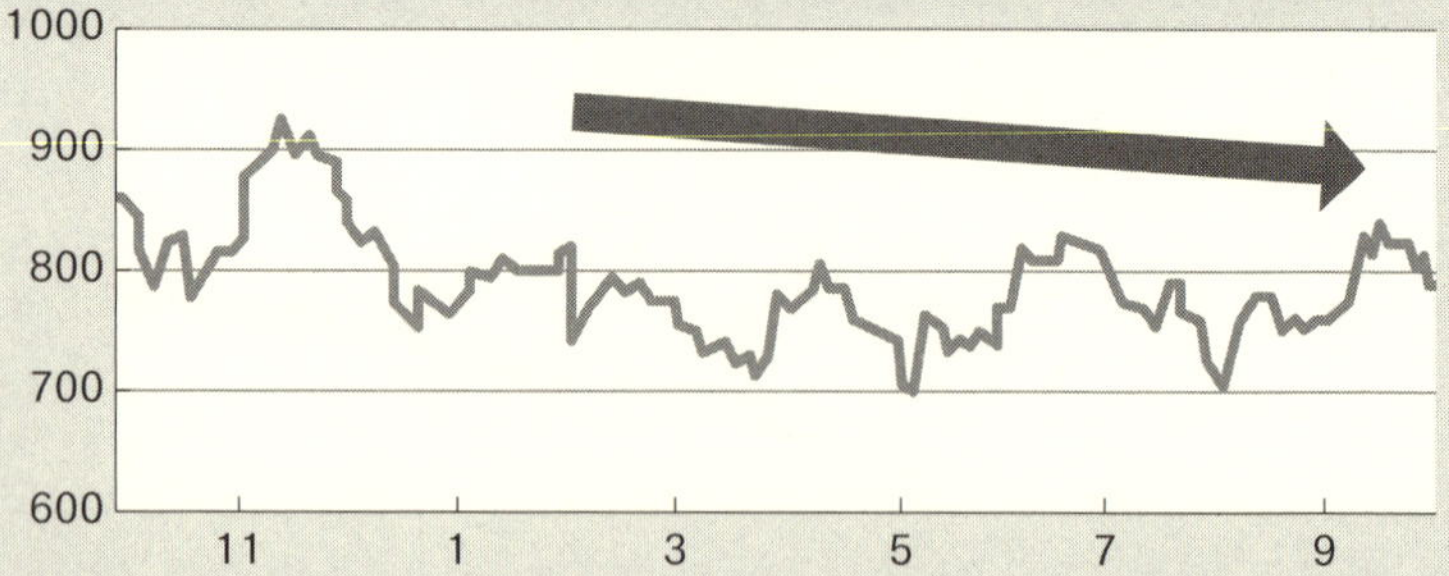

合成繊維の国内最大手。航空機、風力発電翼向けなどの炭素繊維では世界トップシェアを誇る。1926年、東洋レーヨンとして設立し、1970年に現商号に変更。その後も人工皮革、炭素繊維など新製品で業界をリードして、合成樹脂や医療・医薬品分野へ進出した。

近年は新しいコア技術にナノテクノロジーを加え、成長市場へ向けてさまざまな先端材料を開発している。2020年3月期は売上高2兆4800億円、経常利益1500億円。来期は売上高2兆5700億円、経常利益1650億円が見込まれる。2期連続増収増益。

10 FRONTEO(フロンテオ) 2158 東マ 最近の株価 311円

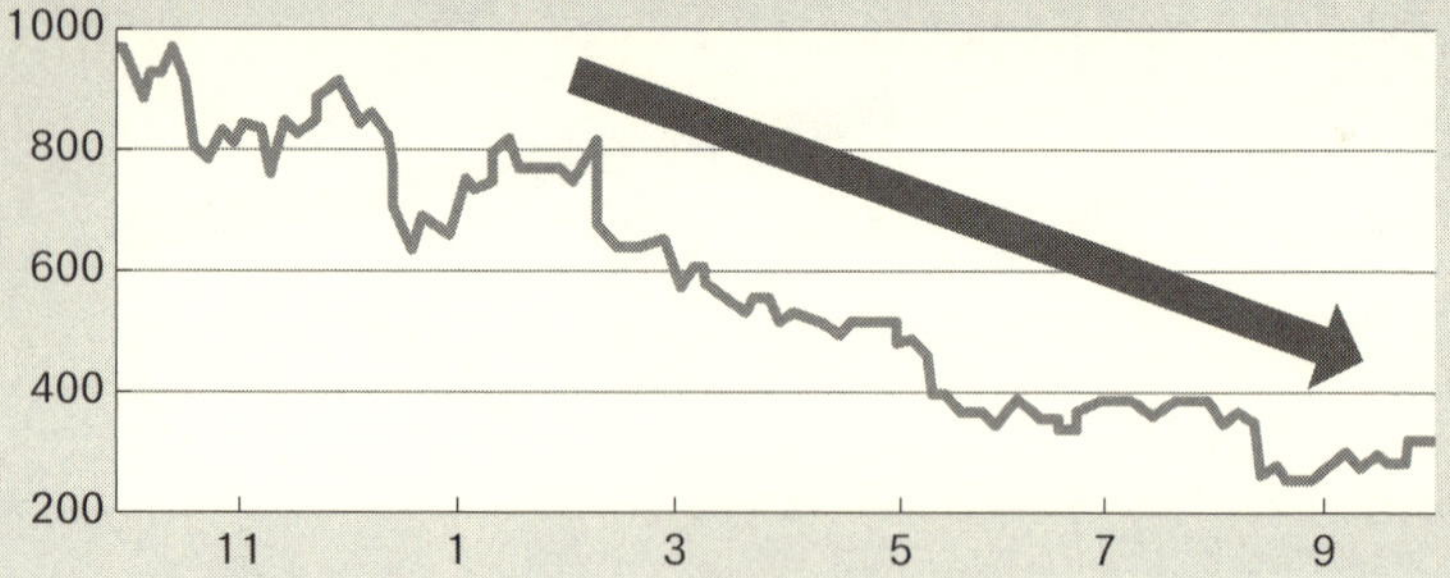

AI(人工知能)を活用したデータ解析事業を展開する。2003年に設立。2016年、現商号に変更した。主力事業は、アメリカでの法的紛争・訴訟に際して、証拠となる電子データや書類を裁判所に提出できるようにする「e(イー)ディスカバリ(証拠開示)」支援サービスである。

この会社が開発した人工知能エンジン「KIBIT」(キビット)を活用することで、大量のテキストデータの中から弁護士の判断に沿ってデータ抽出を行ない、証拠となる電子データを特定する。2020年3月期は売上高112億円、経常利益1000万円。来期は売上高115億円、経常利益1億円が見込まれる。

11 ブレインパッド 3655 東1　最近の株価 6350円

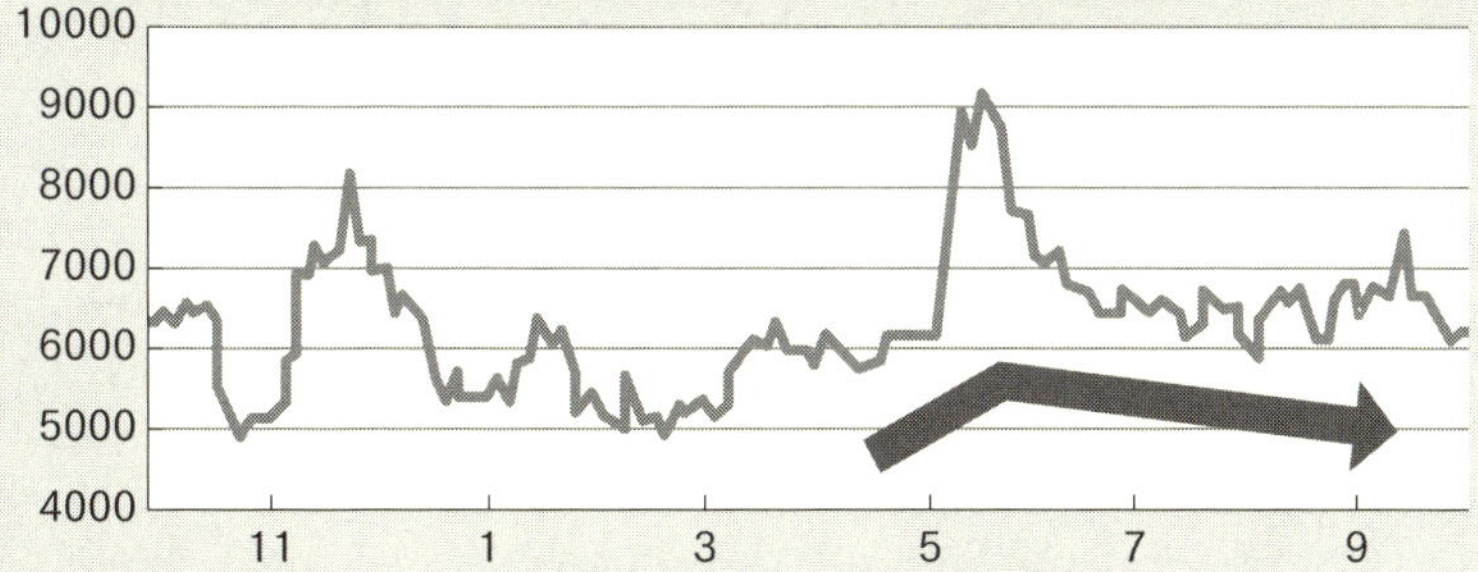

　ビッグデータから、規則性や因果関係を分析する「データマイニング技術」に強みを持つコンサルティング会社である。このデータマイニングにAIを活用する「アナリティクス事業」で伸びた。2004年に設立。顧客は業種を問わない。広範な顧客基盤や大量の取引履歴を有する企業が中心だ。

　顧客企業が持つ大量の販売データなどから購買パターンや購買確率を分析して、販促などの施策を提案する。2020年6月期は売上高68億円、経常利益12億2000万円。来期は売上高80億円、経常利益14億2000万円を見込む。15期連続増収、4期連続増益。

12 ロゼッタ 6182 東マ　最近の株価 4195円

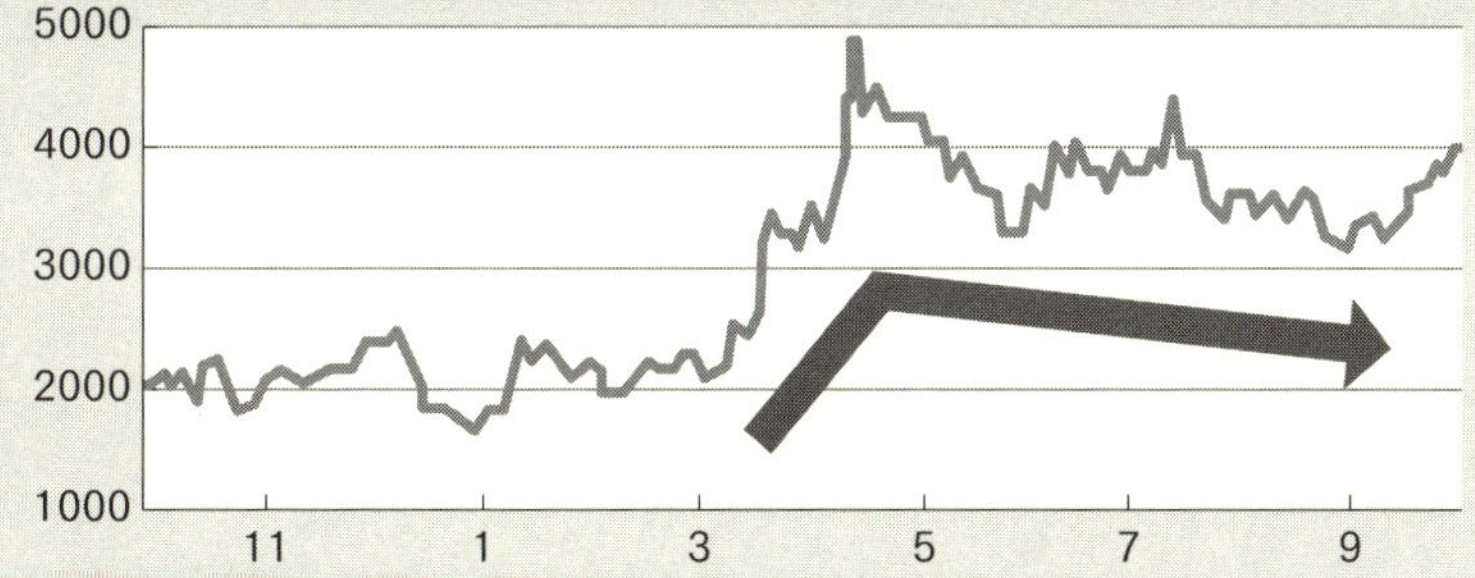

　専門的な産業向けに特化した翻訳サービス企業。2004年、株式会社に改組して、現商号に変更した。人間による翻訳と通訳・語学教育などの業務受託を行なう一方、AI型の機械翻訳を独自に開発し、インターネットを通じて提供する。医薬、法務、財務、化学など専門分野の業務文書を人間に匹敵する精度で翻訳する。このAIによる機械翻訳は、顧客ごとの社内用語や過去対訳によって翻訳機能をカスタマイズできる。

　2020年2月期は売上高49億円、経常利益5億5000万円。来期は売上高65億円、経常利益7億7000万円が見込まれ、3期連続増収増益。

13 デンソー 6902 東1　最近の株価 4658円

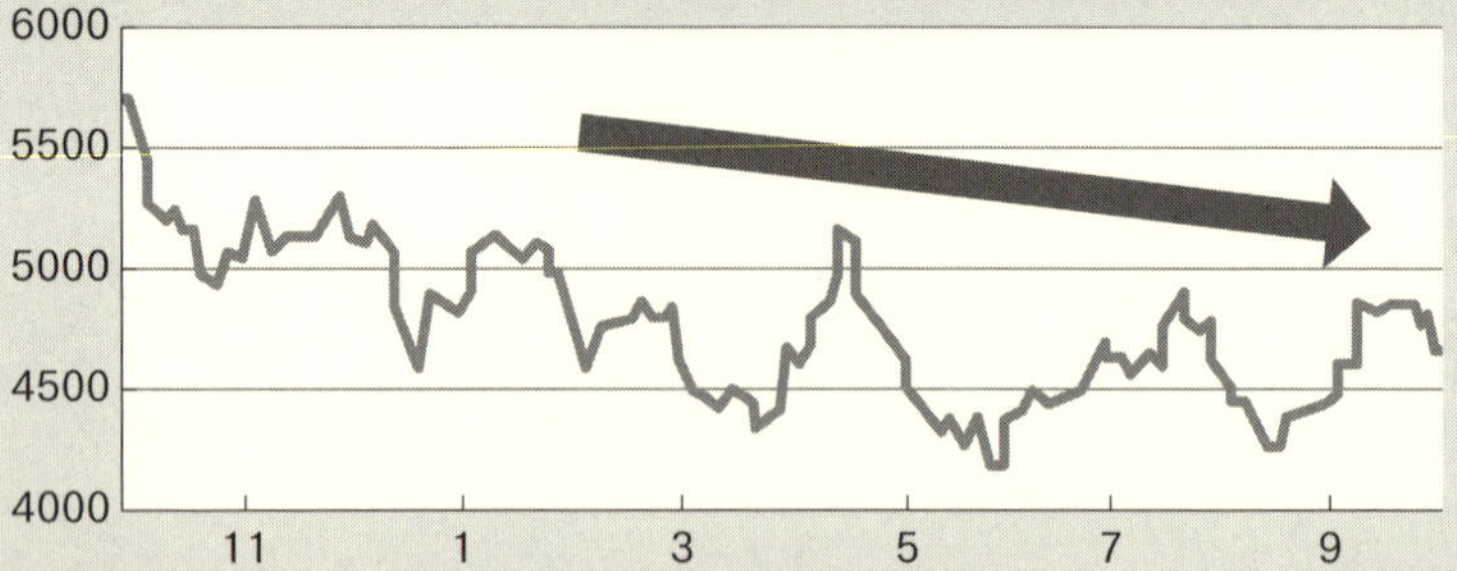

トヨタグループの中核をなす自動車部品メーカー。国内1位、世界2位。前身はトヨタ自動車工業の電装品・冷却器部門。近年はADAS（先進運転支援システム）や自動運転技術などを強化している。

2019年1月にカナダ・モントリオールにAI研究開発センターを開設した。ハードウェアの製造から、自動運転やクラウドコンピューティング、AIなどソフトウェアベースのソリューションへと事業を転換中である。2020年3月期は売上高5兆5000億円、税引前利益4290億円。来期は売上高5兆6500億円、税引前利益4690億円が見込まれる。

14 システナ 2317 東1　最近の株価 1591円

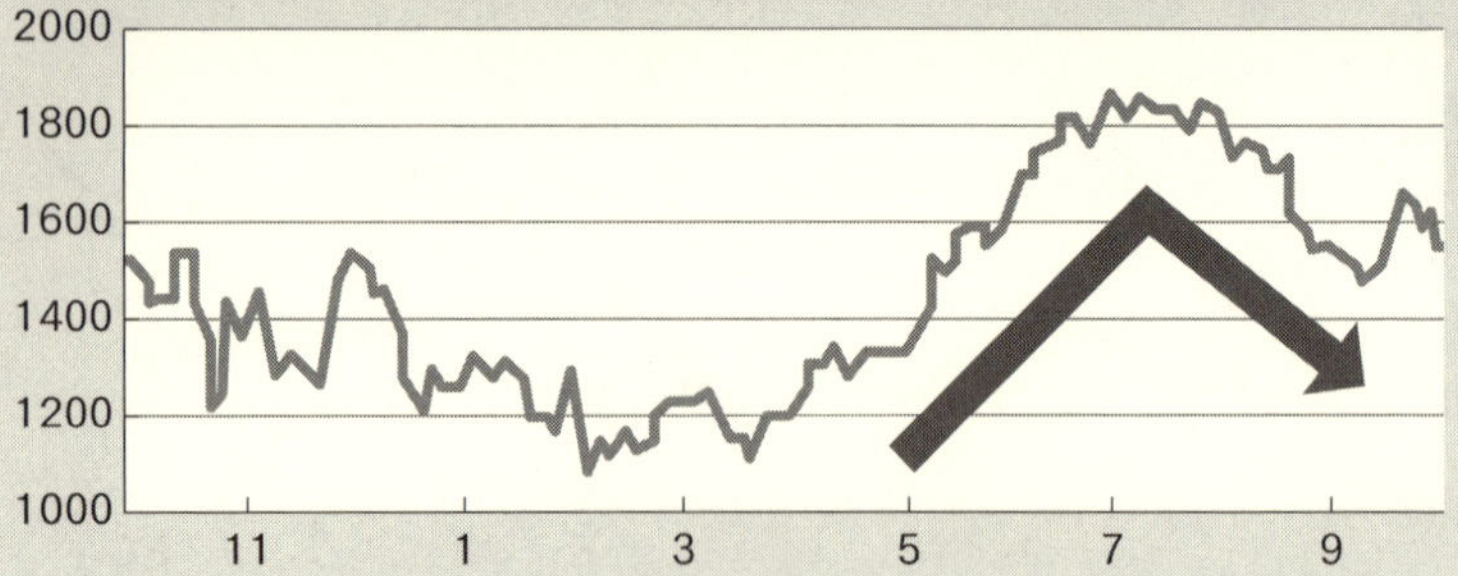

ソフトウェアの開発支援などを展開する。1983年にヘンミエンジニアリングを設立。2010年4月に旧カテナを吸収合併し、7月にシステナに商号変更した。

主力は自動運転・車載システム、通信事業者サービスの支援などを手がけるソリューションデザイン事業である。車載向けはMaaS《マース》（次世代交通）関連の実証実験の拡大でIoT分野の受注増加も図っている。

2020年3月期は売上高635億円、経常利益76億円。来期は売上高680億円、経常利益82億円が見込まれ、連続増収増益増配。

15 アートスパークホールディングス 3663 東2 最近の株価 609円

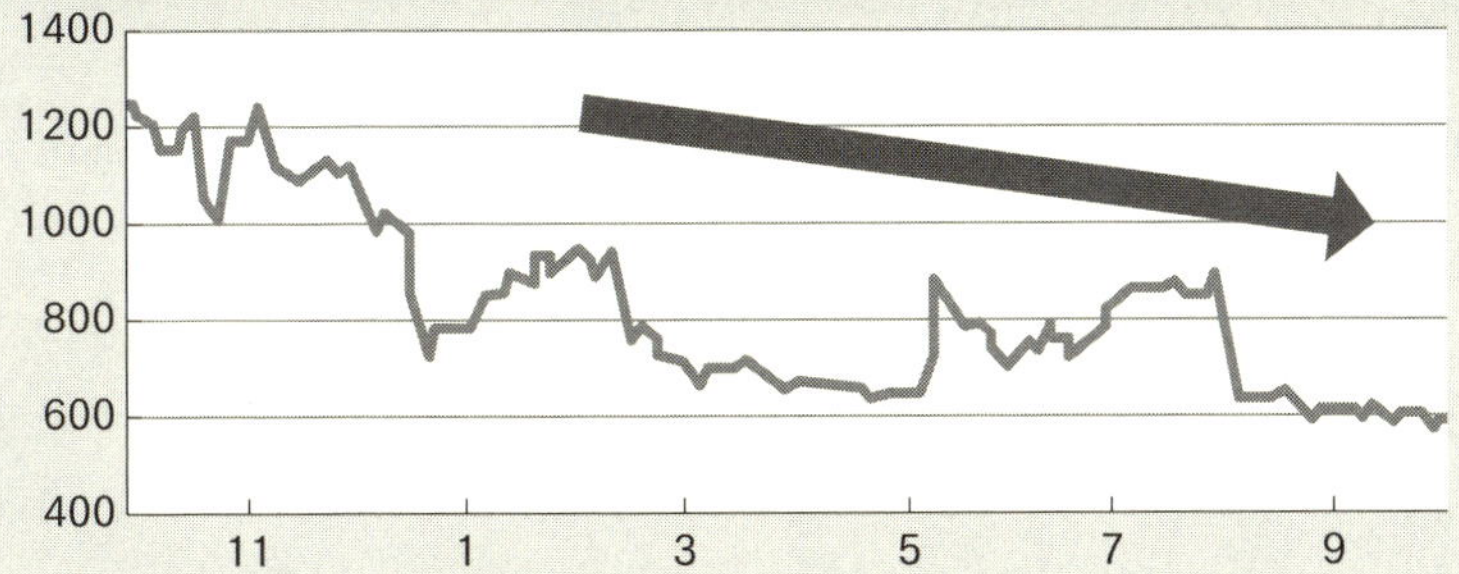

イラスト制作ソフト販売が主軸である。2012年に設立。イラスト制作ソフトの開発を行なうクリエイターサポート事業のほか、車載機器向けなどのヒューマンマシンインタフェース開発ツールを提供するUI/UX事業がある。

自動運転の分野では業界の垣根を越えて提携の動きが活発化している。車載向けソフト開発で競合する欧州カンデラ社を2019年4月に買収して、子会社にした。日本中心にアジアで販売するこの会社は期待が大きい。2019年12月期は売上高55億円、経常利益2億7000万円。来期は売上高65億円、経常利益4億3000万円が見込まれている。

16 アイサンテクノロジー 4667 JQ 最近の株価 2062円

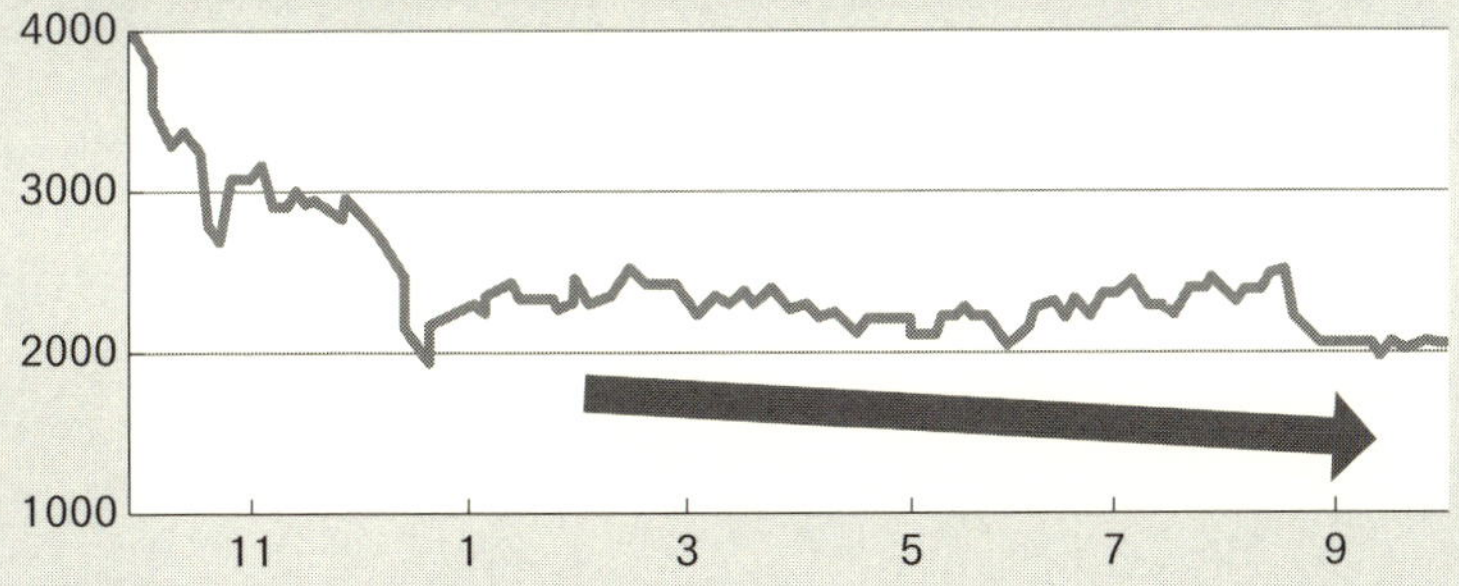

測量関連ソフトの開発販売会社である。1970年に設立。車載型の移動式高精度3次元計測システム「MMS(モービルマッピングシステム)」を販売する一方、自動運転の実証実験にも力を入れている。ソフトバンクとトヨタ自動車などが共同出資するMONET Technologies(モネ・テクノロジーズ)社が、2019年3月に「次世代モビリティの共創」を目的に設立した企業連合「MONETコンソーシアム」にも参画した。

2020年3月期は売上高42億5000万円、経常利益4億5000万円。来期は売上高45億円、経常利益4億9000万円が見込まれる。

17 JVCケンウッド 6632 東1 最近の株価 317円

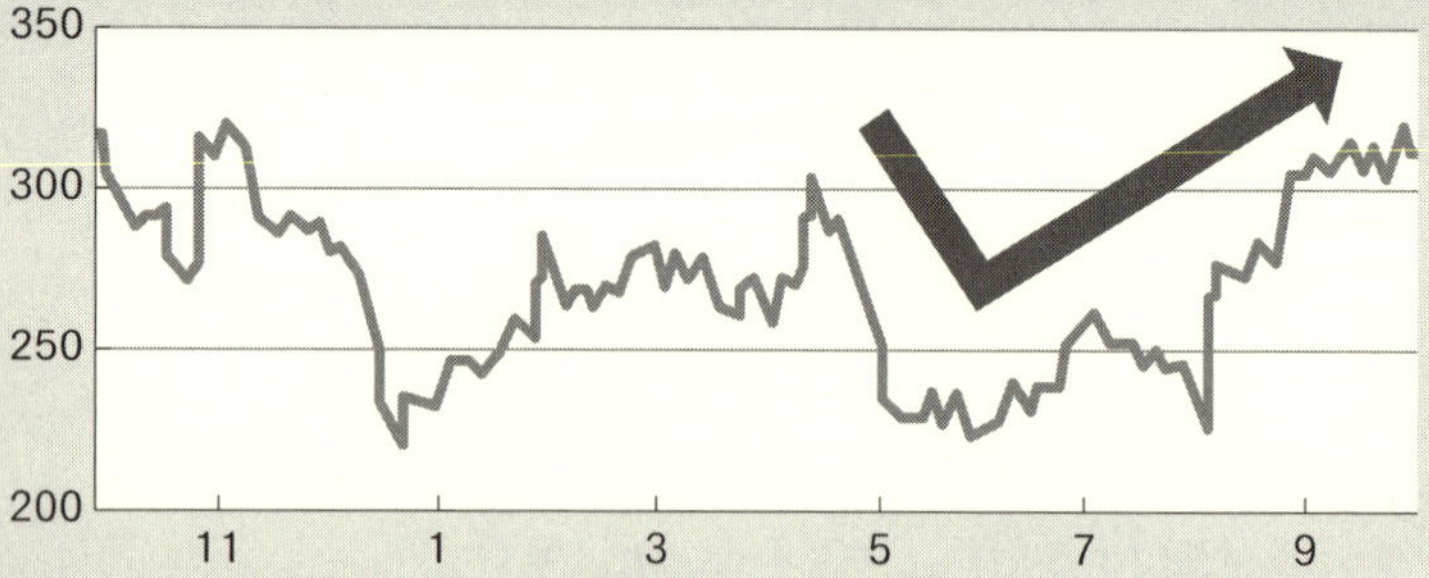

日本ビクターとケンウッドの経営統合でできたAV機器メーカー。2008年、JVC・ケンウッド・ホールディングスとして設立した。主力事業のオートモーティブ(自動車関連)分野で長年、培《つちか》った映像・音響・通信技術を活かし、自動車の電動化や自動運転、コネクテッド化(インターネットへの常時接続機能)に伴って需要拡大が予測されるドライブレコーダーや車載カメラなどの車載光学関連事業を強化中である。

2020年3月期は売上高3100億円、税引前利益65億円。来期は売上高3200億円、税引前利益71億円が見込まれ、増収増益が続く。

18 セック 3741 東1 最近の株価 2945円

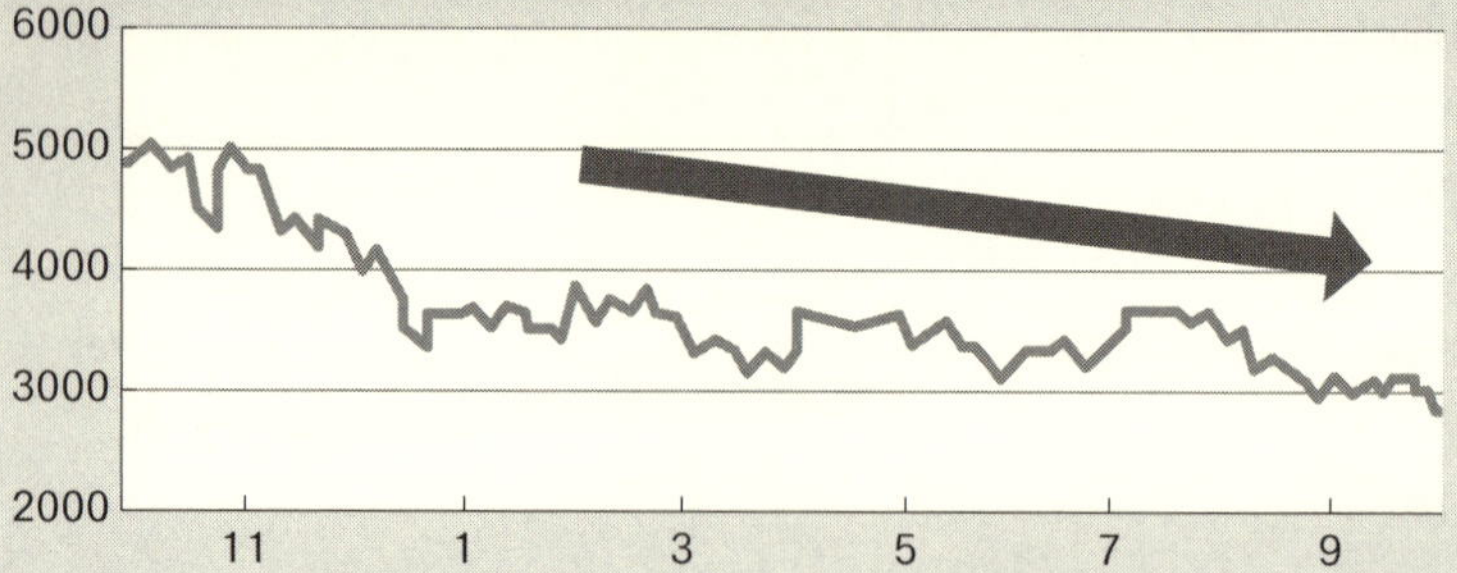

「リアルタイム技術」を強みとするソフトウェア会社。1970年に設立。モバイルネットワーク、インターネット、社会基盤システム、宇宙先端システムの4事業を展開する。自慢のリアルタイム技術は、自然環境など時々刻々変化する事象を計測して、トラブルを検知、解析して対応するシステムの設計技術である。

また、宇宙先端システムでは科学衛星や惑星探査機の搭載システム、大型天体望遠鏡の観測システムなど、宇宙天文分野のソフトウェアを開発する。2020年3月期は売上高61億円、経常利益9億2000万円。来期は売上高63億円、経常利益9億6000万円が見込まれ、4期連続増収増益。

19 三菱電機 6503 東1　最近の株価 1434円

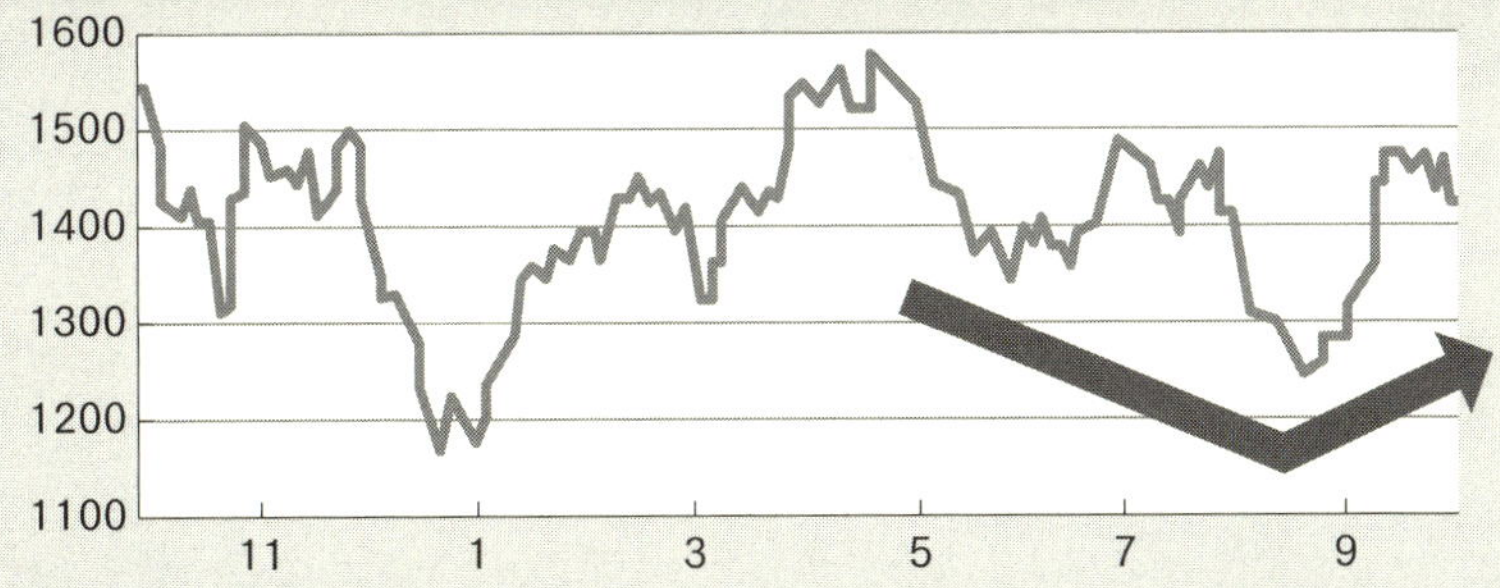

総合電機大手である。1921年、三菱造船(現三菱重工業)の電機製作所を母体に三菱合資会社の分系として設立。宇宙衛星でも多数の納入実績があり、2017年にはJAXAから「技術試験衛星Ⅸ号機」のメーカーに選定され、通信の高速大容量化に対応した世界最先端の技術開発に着手した。2018年には準天頂衛星システム「みちびき」が運用開始。そのデータを活用したドローンの自動運行、スマート農業の実証実験もスタートした。

2020年3月期は売上高4兆6000円、税引前利益3170億円。来期は売上高4兆7300円、税引前利益3260億円が見込まれる。

20 明《めい》星《せい》電気 6709 東2　最近の株価 618円

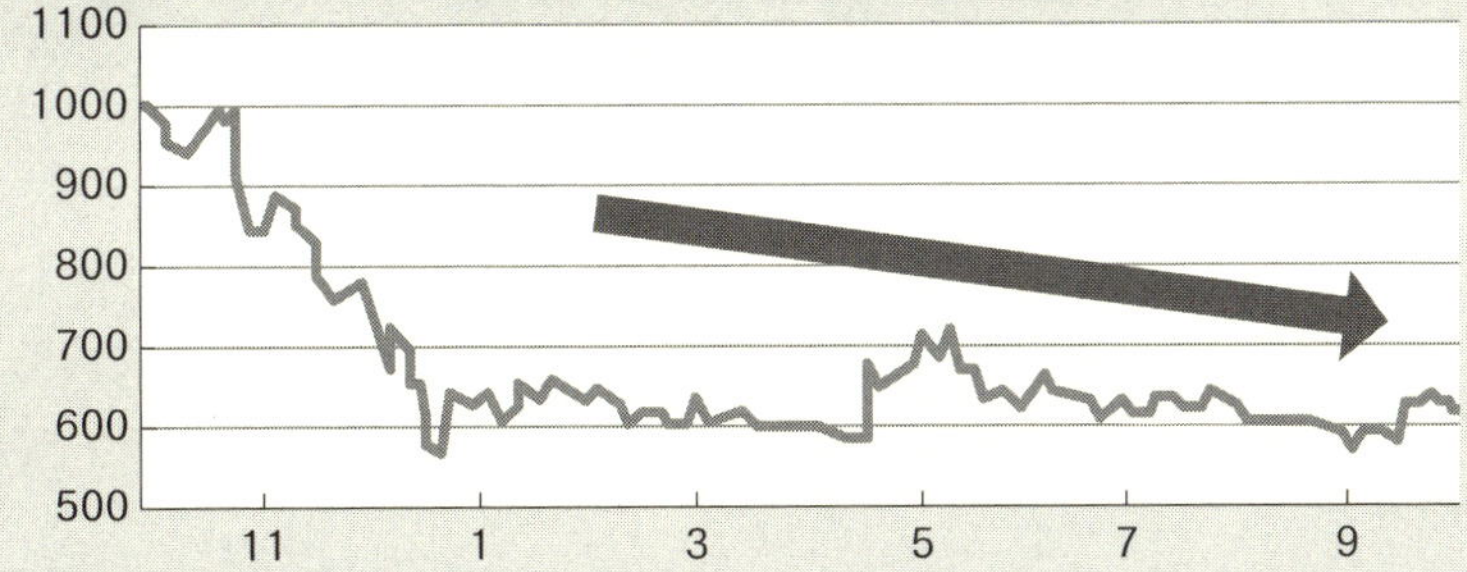

総合環境観測システムメーカー。ＩＨＩ《アイエイチアイ》の子会社である。1938年に設立。アメダスなどの気象観測機器、震度計や津波観測装置などの防災機器、衛星、惑星探査機の制御機器や観測機器を開発している。宇宙分野では日本の宇宙開発創成期から参画し、月周回衛星「かぐや」、小惑星探査機「はやぶさ」にも機器を搭載。衛星搭載カメラの技術を転用し、マイナス196℃の極低温で動作し、内部の様子を動画で観察できるLNGタンクカメラを開発した。

2020年3月期は売上高79億円、経常利益3億7000万円。来期は売上高87億円、経常利益4億1000万円が見込まれ、3期連続増収増益。

21 フューチャーリップック 2468 東2 最近の株価 461円

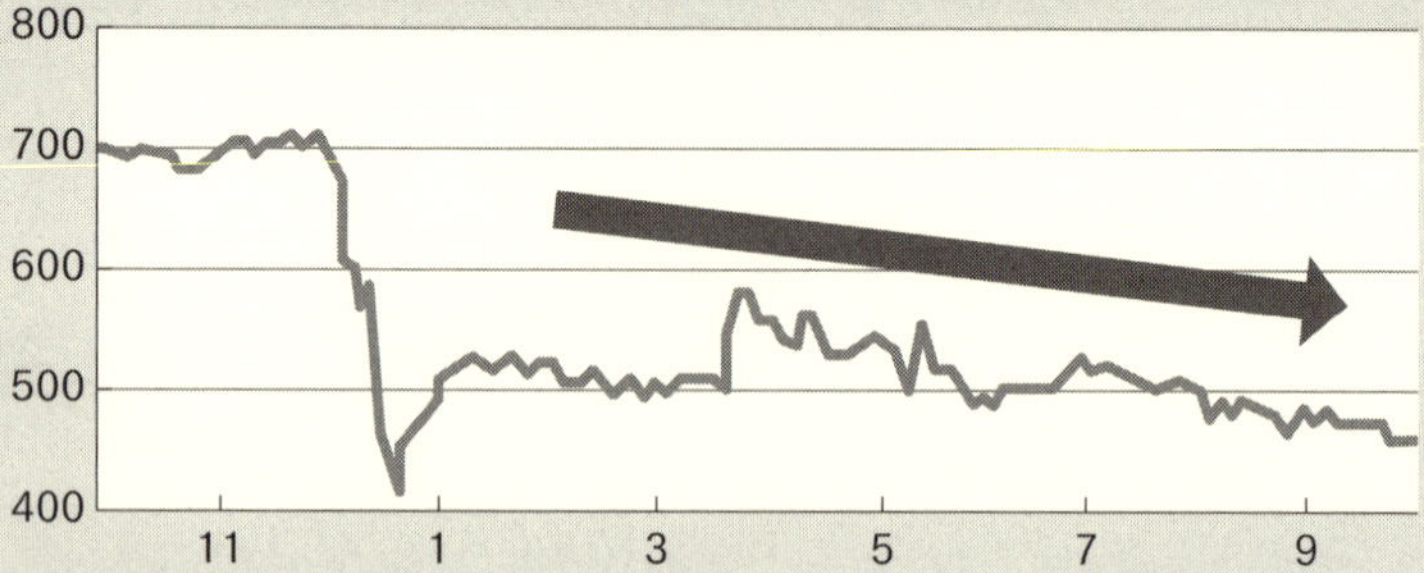

音声認識事業を主力に、CRM(顧客管理)事業などを手がける。2000年に設立。音声認識技術とは人の声を機械で文字にする技術である。コールセンターや会議録など、顧客のニーズに最適な音声言語関連技術を使ったソリューションを提供する。

2018年に資本業務提携をした通貨処理機大手グローリー社の顔認証技術と、自社の声認証技術を活かし、決済分野などで開発を進めている。2020年3月期は売上高27億円、営業利益6000万円。来期は売上高29億円、営業利益8000万円が見込まれ、黒字転換して増益の予定だ。

22 YKT 2693 JQ 最近の株価 344円

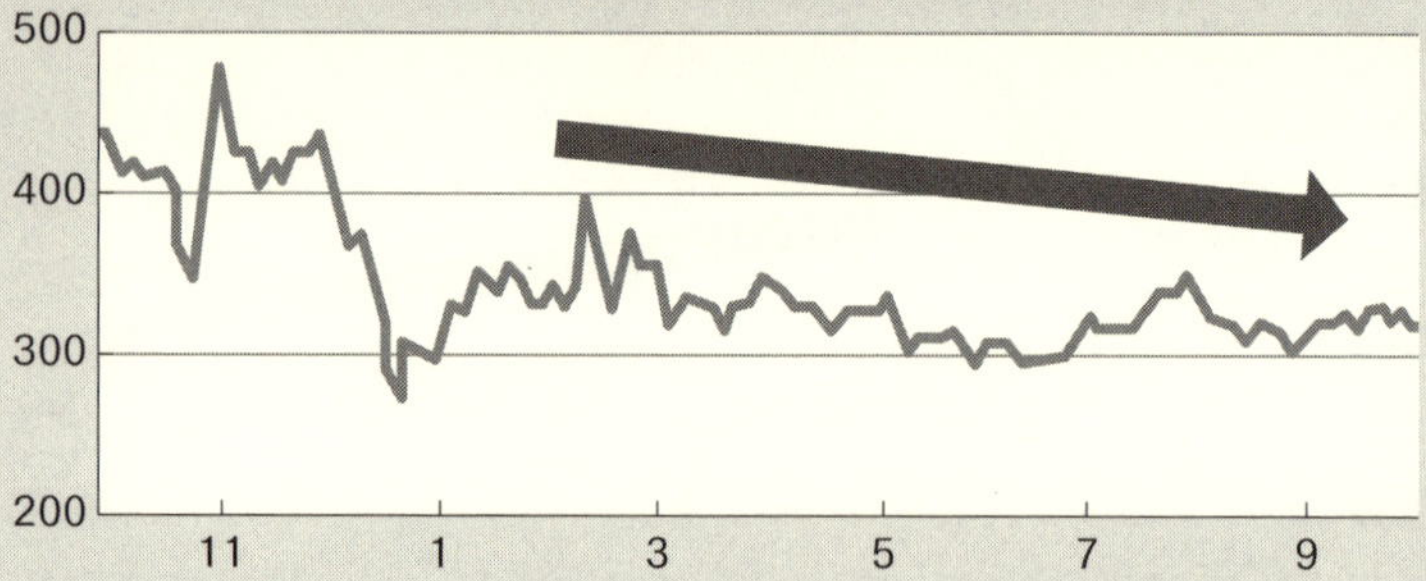

電子機器や工作機械の専門商社である。1977年に山本機械通商を設立して、2003年に現商号に変更した。電子機器はパナソニックスマートファクトリーソリューションズの製品を扱う。工作機械では欧州メーカーの工具研削盤や特殊研削盤、測定機器は米国および欧州メーカーの非接触3次元測定システムを主要商品とする。レーザー加工装置の販売拡大やワイヤレスネットワーク分野への展開など、世界の最先端の技術や機械を提供する商社として評価が高い。

2019年12月期は売上高120億円、経常利益4億9000万円。来期は売上高125億円、経常利益5億2000万円。減収減益から増収増益へ。

23 妙徳《みょうとく》 6265 JQ　最近の株価 1734円

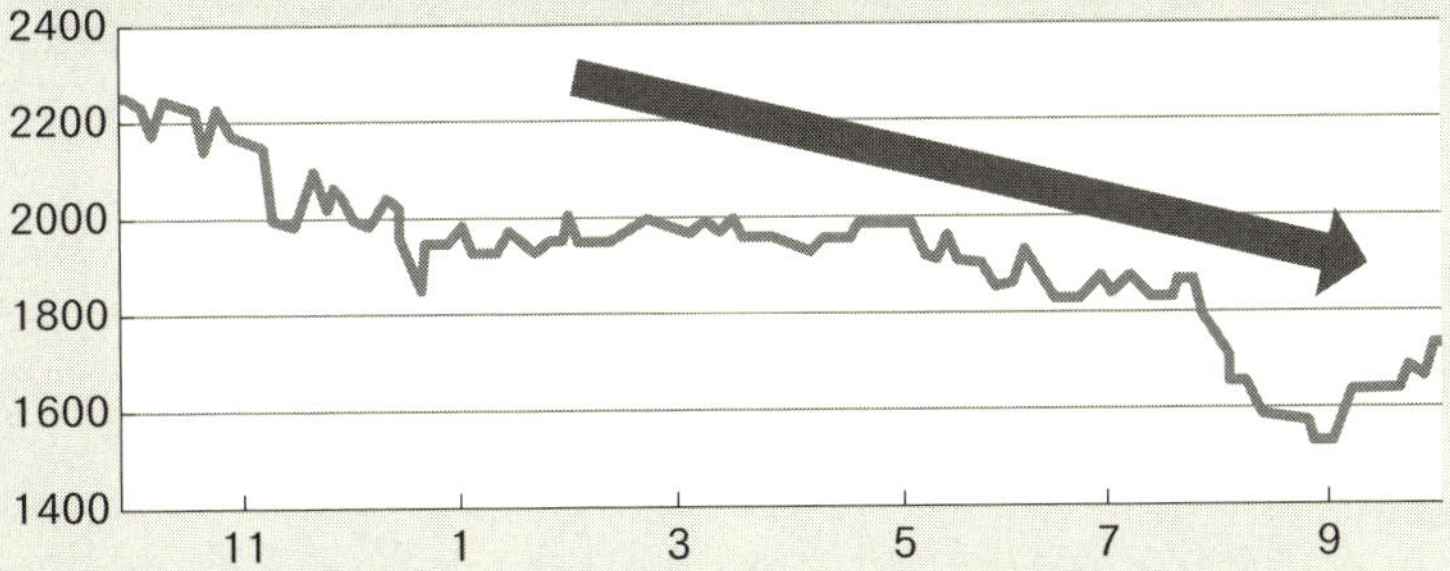

真空発生器のパイオニア企業である。1951年に妙徳製作所を設立して、1982年、現商号に変更した。主力事業はコンバム、真空吸着パッド、圧力センサの3部門。「コンバム」はエジェクタ式真空発生器のことで、この会社の商標である。ロボットの指先となり、対象物を吸着固定、吸着搬送するための把《は》持《じ》装置として使われる。自動車産業・電子関連・半導体産業から食品業界まで、あらゆる製造業に使用され、海外売上比率は4割強とグローバル展開している。

2019年12月期は売上高23億6000円、経常利益2億2000円。来期は売上高24億円、経常利益2億3000万円を見込む。

切りとり線

★読者のみなさまにお願い

この本をお読みになって、どんな感想をお持ちでしょうか。祥伝社のホームページから書評をお送りいただけたら、ありがたく存じます。今後の企画の参考にさせていただきます。また、次ページの原稿用紙を切り取り、左記編集部まで郵送していただいても結構です。

お寄せいただいた「１００字書評」は、ご了解のうえ新聞・雑誌などを通じて紹介させていただくこともあります。採用の場合は、特製図書カードを差しあげます。

なお、ご記入いただいたお名前、ご住所、ご連絡先等は、書評紹介の事前了解、謝礼のお届け以外の目的で利用することはありません。また、それらの情報を6カ月を超えて保管することもありません。

〒１０１―８７０１（お手紙は郵便番号だけで届きます）
祥伝社　書籍出版部　編集長　栗原和子
電話０３（３２６５）１０８４
祥伝社ブックレビュー　www.shodensha.co.jp/bookreview

◎本書の購買動機

＿＿＿新聞の広告を見て	＿＿＿誌の広告を見て	＿＿＿の書評を見て	＿＿＿のWEBを見て	書店で見かけて	知人のすすめで

◎今後、新刊情報等のパソコンメール配信を　　希望する　・　しない

◎Eメールアドレス　※携帯電話のアドレスには対応しておりません

@

100字書評

米中激突　恐慌

住所

名前

年齢

職業

米中激突《べいちゅうげきとつ》 恐慌《きょうこう》
板挟《いたばさ》みで絞《し》め殺《ころ》される日本《にほん》

令和元年11月10日　初版第1刷発行

著　　者　副《そえ》島《じま》隆《たか》彦《ひこ》
発 行 者　辻　浩明
発 行 所　祥《しょう》伝《でん》社《しゃ》
〒101-8701
東京都千代田区神田神保町3-3
☎03(3265)2081(販売部)
☎03(3265)1084(編集部)
☎03(3265)3622(業務部)

印　　刷　堀内印刷
製　　本　ナショナル製本

ISBN978-4-396-61703-5 C0033
Printed in Japan
祥伝社のホームページ・www.shodensha.co.jp

副島隆彦の衝撃作

2016年刊

ユーロ恐慌

欧州壊滅と日本

トランプ大統領誕生の予測的中！
世界経済はこう動く！

Brexit After-Shocks

祥伝社